COLEÇÃO VIAGENS RADICAIS

VIETNÃ PÓS-GUERRA

Obras do autor publicadas pela Record

Cartas do Everest

Coleção Viagens Radicais

Aventura no topo da África
Cruzando a última fronteira
Egito dos faraós
Em busca do mundo maia
Expresso para a Índia
Na estrada do Everest
Na trilha da humanidade
Pelos caminhos do Tibete
Travessia da Amazônia
Vietnã pós-guerra

AIRTON ORTIZ

COLEÇÃO VIAGENS RADICAIS

VIETNÃ PÓS-GUERRA

EDITORA RECORD
RIO DE JANEIRO • SÃO PAULO
2009

CIP-Brasil. Catalogação-na-fonte
Sindicato Nacional dos Editores de Livros, RJ.

O89v
Ortiz, Airton, 1954-
    Vietnã pós-guerra / Airton Ortiz. – Rio de Janeiro: Record, 2009.

    ISBN 978-85-01-08791-1

    1. Ortiz, Airton, 1954- . Viagens – Vietnã. 2. Vietnã – Descrições e viagens. 3. Vietnã – História – 1975- . I. Título.

09-3376
CDD – 915.97
CDU – 913(597)

Copyright © Airton Ortiz 2009

Texto revisado segundo o Novo Acordo Ortográfico da Língua Portuguesa

Todos os direitos reservados. Proibida a reprodução, no todo ou em parte, através de quaisquer meios.

Direitos exclusivos desta edição reservados pela
EDITORA RECORD LTDA.
Rua Argentina 171 – Rio de Janeiro, RJ – 20921-380 – Tel.: 2585-2000

Impresso no Brasil

ISBN 978-85-01-08791-1

PEDIDOS PELO REEMBOLSO POSTAL
Caixa Postal 23.052
Rio de Janeiro, RJ – 20922-970

EDITORA AFILIADA

Meus agradecimentos à Cia. Zaffari,
cujo apoio tornou possível resgatar
parte tão importante da história humana.

Sumário

Tailândia **15**

Laos **51**

Vietnã **75**

Camboja **257**

Era um garoto que como eu amava os Beatles e os Rolling Stones
Composição: Migliacci/Lusini

Era um garoto
Que como eu
Amava os Beatles
E os Rolling Stones.

Girava o mundo
Sempre a cantar
As coisas lindas
Da América.

Não era belo
Mas mesmo assim
Havia mil garotas a fim.

Cantava Help
And Ticket To Ride,
Oh! Lady Jane and Yesterday.

Cantava viva à liberdade
Mas uma carta sem esperar
Da sua guitarra o separou
Fora chamado na América.

Stop! Com Rolling Stones
Stop! Com Beatles songs
Mandado foi ao Vietnã
Lutar com vietcongues.

Ratá-tá-tá-tá...
Tatá-rá-ta-tá...

Era um garoto
Que como eu
Amava os Beatles
E os Rolling Stones.

Girava o mundo
Mas acabou
Fazendo a guerra
No Vietnã.

Cabelos longos
Não usa mais
Nem toca a sua
Guitarra e sim
Um instrumento
Que sempre dá
A mesma nota
Ra-tá-tá-tá.

Não tem amigos
Nem vê garotas
Só gente morta
Caindo ao chão.

Ao seu país
Não voltará
Pois está morto
No Vietnã.

Stop! Com Rolling Stones
Stop! Com Beatles songs
No peito um coração não há
Mas duas medalhas sim.

Ratá-tá-tá-tá...
Tatá-rá-tá-tá...

Embarcamos nos horários previstos, tanto em Porto Alegre quanto em São Paulo, situação rara naqueles dias. Em Guarulhos, sobrou tempo para o chimarrão. Na primeira lanchonete quiseram cobrar pela térmica de água quente. Na segunda, já escaldado, falei que era para a mamadeira do bebê, e o rapaz nos deu a água de graça.

Entreguei a garrafa ao Ferreira, que aguardava junto ao carrinho com as mochilas. Não olhei para trás, não sei se o rapaz que me deu a água nos viu. Caso tenha visto, deve ter achado o "bebê" grandinho; meu amigo tem 1m86 de altura.

A erva-mate não estava boa; o pacote havia sido aberto na semana anterior. Mesmo pela metade, o jogamos fora. Tínhamos outros 4 quilos, presentes de Renato Fagundes de Abreu ainda no aeroporto Salgado Filho. Havíamos trocado a erva por algumas fotos para seu blog. Ferreira se encarregaria das fotografias, eu de fazer o chimarrão.

Conheci Luiz Antônio Ferreira na universidade, fomos colegas no curso de Jornalismo. Depois nos dispersamos. Ele seguiu carreira de repórter fotográfico, antigo sonho juvenil. Vimo-nos um par de vezes nos últimos anos, até nos encontrarmos na Polícia Federal. Ele retirava o passaporte, eu encaminhava a papelada para a renovação do meu. Com tantos carimbos, não teria espaço para os burocratas da viagem que se avizinhava. Ferreira perguntou qual seria a próxima expedição e respondi que iria para o Vietnã. Convidei-o, e ele gostou da ideia.

Uma semana depois ligou dizendo que aceitava o convite.

No mês seguinte estávamos em Guarulhos, tomando mate no saguão do aeroporto e esperando um avião para Amsterdã. Havíamos despachado as mochilas cargueiras em Porto Alegre, só teríamos acesso aos nossos pertences em Bangcoc. Nas mochilas pequenas, tudo que precisássemos na viagem, além de alguns equipamentos de emergência caso a bagagem se extraviasse pelo caminho, algo sempre possível.

Saímos de São Paulo no começo da noite, chegamos a Amsterdã no final da manhã.

Além das 12 horas trancafiados numa cabine pressurizada, tínhamos mais cinco de diferença de fuso horário, mas o cansaço não foi suficiente para nos reter no aeroporto. Viajaríamos apenas à noitinha, então pegamos o trem e aproveitamos a tarde para uma caminhada pelo centro; a capital da Holanda sempre nos atraiu. Vadiar pelas ruas repletas de figuras exóticas ou ficar debruçado nas amuradas das pontes observando os barcos nos canais era algo que não fazíamos há alguns anos.

Verão, sol a pino, os holandeses aproveitavam o clima agradável em suas coloridas bicicletas. Na praça Dam, em frente ao Palácio Real, ativistas do Sri Lanka protestavam contra o governo de seu país. Pessoas se bronzeavam nas calçadas, jovens fumavam maconha nos cafés. Ferreira fotografava tudo que se mexesse. Amsterdã era uma festa.

Aborreci-me apenas com alguns preços abusivos. O euro deixou a vida cara demais nos países europeus. Acostumado a viajar pela América Latina, pela África e pela Ásia, onde os preços são normais, revolta-me pagar valores absurdos nas cidades do Velho Continente.

Um vendedor ambulante, cuidando de uma carrocinha estacionada numa praça secundária, perto do museu Madame Tussaud, teve a cara de pau de nos cobrar 3,5 euros por uma salsicha e um pedaço de pão, cachorro-quente que ele nem teve o trabalho de fazer; eu mesmo precisei montar. Os ingredientes, de tão sem graça, dispensei.

Voltamos para o aeroporto, o jantar no avião estava incluído na passagem. Apesar da revista exagerada na sala de embarque, os guardas não descobriram a garrafa de vinho em meu bolso, calmante para as 12 horas no ar, retorcido num assento econômico. Ferreira se distraiu vendo filmes, uns três ou quatro; perdemos a conta. Eu acordava apenas quando ele reclamava do meu ronco.

Invenção dele, claro.

Chegamos a Bangcoc no começo da tarde, outras cinco horas a mais no fuso horário. Ônibus até o centro da capital, pequena caminhada, metrô até Hualamphong, a estação ferroviária central, e no final da tarde estávamos num trem para Ayutthaya, pequena cidade no norte da Tailândia.

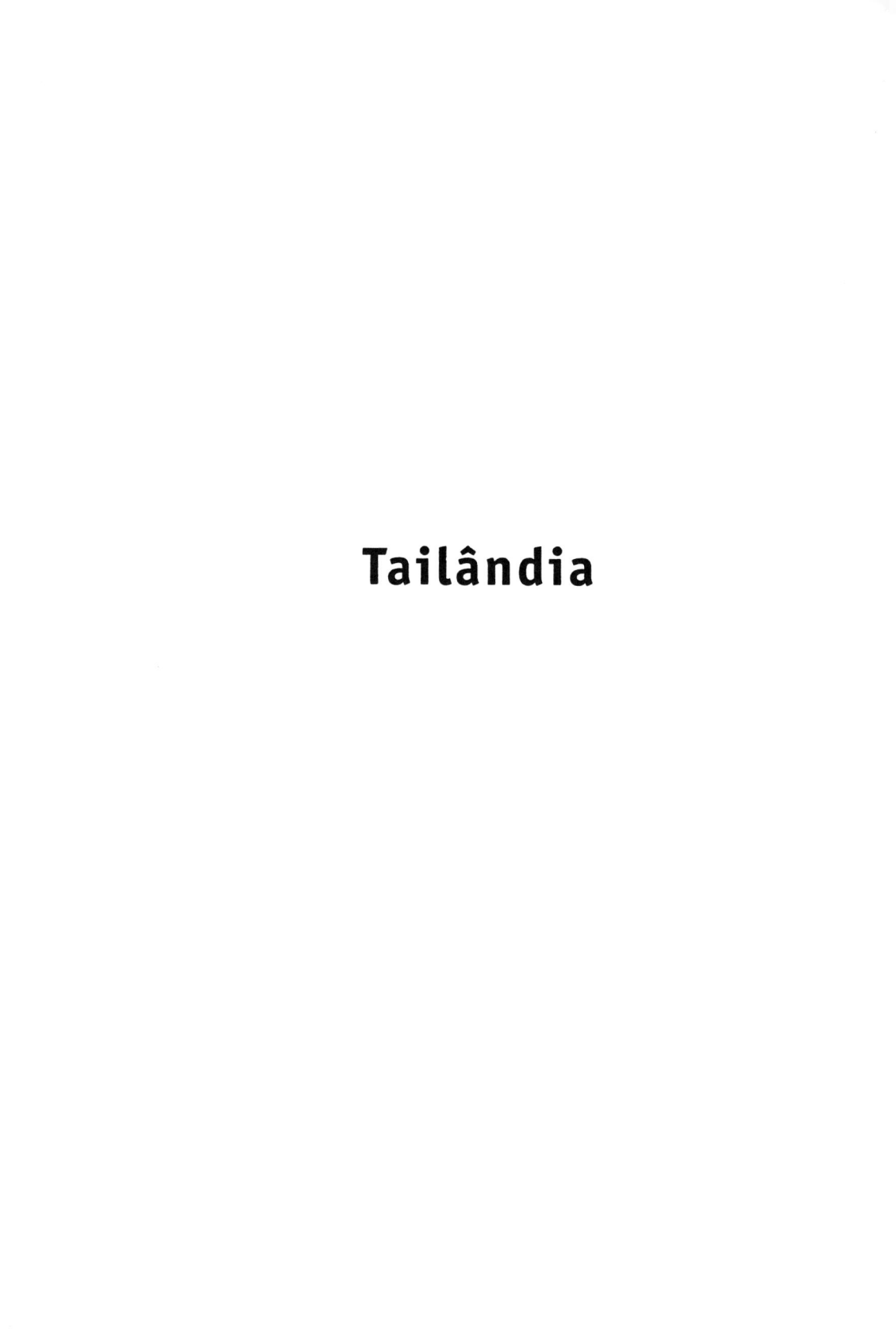

Tailândia

AYUTTHAYA

Altitude: 18m
Latitude: 14º 54' 80.40"
Longitude: 100º 24' 19.20"
Distância de Porto Alegre: 16.670km

O velho trem parecia andar mais para os lados do que para frente, de tanto que sacudia. Cruzamos a periferia de Bangcoc, uma das maiores cidades do mundo, quase escurecendo. Os casebres ao longo da ferrovia estavam mergulhados no lixo e na poluição. Córregos infectados e malcheirosos acompanhavam os trilhos, às vezes cruzando sob pontes malfeitas, transformando o tradicional — e bucólico — ranger dos trilhos em trepidações desconcertantes.

O banco à frente estava ocupado por um sujeito meio debochado. Desde a saída em Bangcoc ele bebia latas e mais latas de cerveja, o olhar parecia um pouco embaçado. Tinha nariz adunco, usava uma roupa jeans surrada e um boné com uma estrela vermelha na frente. Em nada se parecia com os baixos tailandeses, embora tivesse os olhos puxados.

— De onde vocês são? — perguntou ele, em inglês.

— Somos brasileiros — respondi.

— Vão para Ayutthaya?

— Sim.

— Também vou para lá.

Boa notícia; não corríamos o risco de passar direto pela cidade. Em cada pequena estação mais gente subia, menor era o espaço no corredor. Trabalhadores voltavam para casa, deixando a região metropolitana rumo aos povoados do interior. Além deles, os tradicionais vendedores ambulantes, especialmente de cigarros e bebidas.

— Tomam uma cerveja? — ofereceu o sujeito, reabastecendo o estoque.

— Prefiro uma água — disse Ferreira.

— Você é tailandês? — perguntei.

— Sim. Meu nome é Chet Vimos — apresentou-se, afinal. — Sou fotógrafo. Morei um tempo em Londres, agora estou em Ayutthaya. Bangcoc é grande demais. Só vou à capital quando preciso imprimir algumas fotos.

Apresentamo-nos.

— Ferreira — concluí — também é fotógrafo.

— Eu havia notado — ele disse. — Pelas câmaras fotográficas.

Não gostei da observação. O tal Chet não me inspirava confiança, menos ainda pelo interesse no equipamento do Ferreira. Os dois iniciaram uma longa conversa sobre as últimas novidades do setor. Ferreira pretendia comprar uma câmara de 6 mil dólares, e a confidência interessou ao tailandês.

— Melhor não falar em dinheiro — disse ao Ferreira. — Infelizmente, precisamos desconfiar das pessoas.

— Eu havia me dado conta.

Às seis da tarde paramos numa estação fora da cidade; já víamos campos pelos arredores. Os alto-falantes começaram a despejar o hino nacional e todos se perfilaram na plataforma. Dentro do trem, no entanto, os passageiros permaneceram sentados.

VIETNÃ PÓS-GUERRA

A composição demorava a reiniciar a viagem, as pessoas estavam inquietas. Os alto-falantes anunciaram algo, alguns começaram a descer dos vagões. Olhamos curiosos para Chet, que foi logo explicando.

— O motor estragou, precisamos esperar que troquem de locomotiva.

Sorrimos constrangidos, mas nem seria necessário: ele despejou uma série de críticas ao governo tailandês.

— Aqui nada funciona. Se fosse na América o povo não aceitaria trens caindo aos pedaços. Todos reclamariam e o governo precisaria melhorar o serviço.

Mais alguns minutos de espera, nova ordem emanada dos alto-falantes.

— Devemos descer — disse Chet. — Vamos trocar de trem.

Ele desceu, mas outros ficaram. Permanecemos em dúvida. Anoitecia, e ficar naquela estação não me pareceu uma boa ideia. Vendo que continuávamos no vagão, ele voltou e sentou-se à nossa frente. Alguns minutos depois, desceu novamente. Pediu para o seguirmos, deveríamos embarcar no próximo trem.

Descemos. Alguns passageiros ficaram sentados, outros desembarcaram. As pessoas estavam confusas, mas ninguém buscava se informar além dos avisos dos alto-falantes. Que, me pareceu, não eram bem claros.

— Não sei o que fazem no trem. Não tem máquina, não vai a lugar algum — Chet falou, referindo-se aos que continuavam embarcados.

Novo trem se aproximou, o pessoal correu para os dois lados dos trilhos. Preparavam-se para embarcar tão logo ele diminuísse a velocidade. As mochilas atrapalhavam um pouco. Ajustamos as correias e nos preparamos para saltar, se possível na frente dos outros. Não teria lugar para todos.

— Vem lotado — disse Chet. — Vamos esperar o próximo.

— Vamos neste — falei ao Ferreira. — Te prepara.

— Estou preparadíssimo.

O trem se aproximou, diminuiu a marcha, e Ferreira pulou para o vagão. Enquanto providenciava nossos lugares, subi com as mochilas. Chet veio atrás. Ficou na extremidade do vagão, fumando.

Por um bom tempo nos vimos livres dele. Mas os passageiros começaram a descer à medida que o trem se distanciava de Bangcoc, os bancos se esvaziavam, e logo ele estava sentado à nossa frente.

— Vocês têm hotel em Ayutthaya?

— Não — respondi. — Vamos procurar na chegada, temos algumas indicações.

— Estou hospedado no Tony's Place, o melhor hotel no bairro dos mochileiros, vou fazer uma reserva para vocês.

Ligou do celular, mas não havia mais quartos. Respirei aliviado. Preferia escolher o hotel sem a interferência de estranhos, menos ainda de Chet. Podia ser apenas excesso de camaradagem, mas podia ser também, o que era mais provável, alguém tentando nos ludibriar. Após uma viagem extenuante, fica-se vulnerável aos larápios mais dissimulados.

Os povoados ficaram mais ralos, os descampados mergulharam na escuridão total. A luz interna pouco iluminava. Os vendedores desapareceram, desceu o último passageiro do nosso vagão. Chet passou a jogar as latas vazias no chão. Não estava bêbado, algo admirável. Seus cigarros haviam acabado. O barulho ritmado do trem nos amolecia, o cansaço nos ameaçava com o sono, o corpo doía.

Chegamos em Ayutthaya e Chet pediu para o seguirmos. Eu tinha mentalizado o caminho em direção à cidade a partir de um mapa, mas estava cansado demais e anoitecera há um bom tempo. As mochilas ficavam cada vez mais pesadas. Sebosas, as roupas grudavam em nossos corpos. Não contava com o atraso do trem, talvez devêssemos ter pernoitado em Bangcoc.

Chet contratou um tuc-tuc, subiu na frente, embarcamos na carroceria e lá fomos em direção ao tal bairro dos mochileiros. Chegamos ao Tony's Place e Chet pagou o tuc-tuc sozinho.

— Vamos dividir a corrida — falei.

— Está pago — ele se limitou a dizer.

Não gosto de ficar devendo favor, mas foi o que aconteceu.

No bonito restaurante do hotel, parte ao ar livre, em meio a um belo jardim, fomos apresentados aos proprietários. Não havia vagas, então decidimos atravessar a rua e procurar uma pousada no quarteirão em frente. Conseguimos um bom quarto, tomamos um longo banho, trocamos de roupas e voltamos ao Tony's Place; hora de jantar. Chet sentou-se conosco, indicou um saboroso prato: galinha com legumes (vagem, cebola, tomate, cenoura, milho verde) ao molho de castanhas acompanhada com arroz branco.

— Mais barato do que o cachorro-quente em Amsterdã — comentei com Ferreira.

— Estou começando a gostar dos preços.

— Isso que a Tailândia é o mais caro dos países que vamos visitar.

Bebemos cerveja e prometemos conhecer o estúdio do tailandês no dia seguinte.

Cidade histórica

Os reinos independentes formados pelos tais no Sudeste Asiático se unificaram em 1350, com a fundação do Sião, estabelecendo a capital em Ayutthaya. A cidade reinou absoluta durante quatrocentos anos, tornando-se um dos mais desenvolvidos polos budistas do mundo. Com mais de um milhão de habitantes, era uma das mais importantes metrópoles do planeta, maior do que qualquer capital da Europa na época.

Em 1767, o Sião foi invadido pela atual Mianmar, e a magnífica Ayutthaya, apesar de estar numa ilha flanqueada por três rios, foi saqueada e destruída. As ruínas de algumas edificações, especialmente as de cunho religioso, sobreviveram ao tempo, motivo de nossa estada na cidade.

Iniciamos o dia tomando chimarrão no alpendre da pousada. Explicamos à recepcionista que se tratava de chá brasileiro, ritual ao qual devíamos nos submeter todas as manhãs, e ela nos conseguiu água quente de graça. Alguns hóspedes acharam estranho, vimos pelos seus olhares curiosos, mas não ligamos. Revigorados fisicamente, estávamos ansiosos por nos lançarmos na estrada em direção ao norte do país, fronteira com Mianmar, a China e o Laos. As próximas semanas seriam excitantes, estávamos felizes.

Após um farto café, com muitas frutas, contratamos um tuc-tuc para nos levar até Wat Phra Si Sanphet, um *chedi* (nome que os tailandeses dão às estupas, os impressionantes monumentos religiosos budistas) formado por três altíssimas torres. A metade superior, composta por uma espiral cônica, era delgada, enquanto a metade inferior tinha a forma de gigantescos sinos, repousando sobre uma base redonda. Elas estavam alinhadas e ficavam no pátio do antigo palácio real, na época o maior e mais importante templo de Ayutthaya, exemplo de sua bela escola arquitetônica.

Visitamos outros monumentos de menor importância e, como tínhamos tempo, resolvemos pegar o ônibus para Sukhothai. Deixamos a visita ao estúdio de Chet para a volta.

Nunca mais o vimos.

Sukhothai

Altitude: 109m
Latitude: 17° 01' 44.06"
Longitude: 99° 41' 57.10"
Distância de Porto Alegre: 16.678km

O motorista do tuc-tuc nos deixou na beira da estrada, na saída de Ayutthaya. O ônibus, procedente de Bangcoc, não demorou. Embarcamos com as mochilas e seguimos para o norte por uma bela rodovia asfaltada. Havia poucos passageiros, alguns estrangeiros. A rodomoça, com cara amarrada, nos deu uma caixinha com um sanduíche, uma barra de chocolate e um copo de água; teríamos seis horas de estrada pela frente.

Ferreira havia comprado alguns equipamentos fotográficos e aproveitou para estudar os manuais; dediquei-me a ler um pouco sobre nosso próximo destino. Tinha uma ideia geral do que deveríamos encontrar na viagem, mas deixei para me aprofundar nas histórias locais à medida que fosse passando pelos lugares.

A origem da Tailândia remonta ao século XI, quando o povo da etnia tai, expulso do sudoeste da China, migrou à procura de novas terras para cultivo de arroz. Após expulsar o povo khmer que vivia na região, os tais ergueram Sukhothai, capital do mais antigo estado tai no Sudeste Asiático.

O reino floresceu militarmente, anexando terras ao norte até a fronteira com Vientiane, no atual Laos. A partir de Sukhothai os tais criaram seu alfabeto e desenvolveram uma arquitetura e um estilo artístico distintos dos das demais culturas asiáticas.

Algumas horas depois o ônibus parou num restaurante junto a um posto de gasolina, na entrada de uma grande cidade. Eu ia do banheiro, na parte intermediária do corredor, para o meu assento, quando a rodomoça abriu a porta que separa a cabine do motorista da dos passageiros e, de supetão, olhando para mim, passou algumas informações, falando tai de forma tão rápida que os próprios tailandeses mal entenderam. Pego de surpresa, e diante do seu rosto mal-humorado, respondi:

— Não fui eu!

Ela se deu conta do inusitado diálogo, fechou a porta e desceu do ônibus, junto com o motorista. Um jovem tailandês, sentado no banco ao lado, reprimindo o riso explicou num inglês esforçado:

— Ela disse que devemos descer para fazer um lanche. Está incluído no preço da passagem.

Mais três horas e desembarcamos na rodoviária em Sukhothai. Pegamos um tuc-tuc até a pousada Garden House, um conjunto de chalés enfileirados em meio a um belo jardim. Alugamos um deles, com banheiro e ventilador, por 10 dólares, o preço médio que pagamos pelas hospedagens na viagem. Cinco dólares para cada um, o preço de um cachorro-quente em Amsterdã.

Ferreira acordou às 6 da madrugada. Imaginei que fosse pelo problema do fuso horário e me levantei também. A melhor maneira de nos adaptarmos é forçar o organismo ao novo ritmo. Organizamos as mochilas e fomos tomar chimarrão na varanda do chalé ouvindo o canto dos pássaros. Fazia muito calor, mesmo àquela hora, prenúncio de um dia escaldante.

Após o café, enquanto eu negociava com um motorista de tuc-tuc o passeio pela cidade histórica, Ferreira foi lavar a cuia e a bomba do chimarrão. Acertei um preço que também incluía a corrida até a rodoviária, no começo da tarde, onde pegaríamos nosso próximo ônibus. Tudo combinado, quando voltei ao chalé para buscar a mochila, Ferreira me deu a triste notícia:

— Fui tirar a erva da cuia com a bomba e ela quebrou.
— Bah! E agora, tchê?
— Eu dou um jeito, fica tranquilo.

Ferreira é o homem das mil e uma habilidades, eu já sabia. Apesar do peso, levava na mochila uma série de ferramentas, muito úteis durante a expedição. Eu carregava 4 quilos de erva, esperava não ter mourejado em vão.

Cidade histórica

A 12 quilômetros da moderna Sukhothai, a antiga cidade está no topo da lista dos sítios históricos mais fascinantes do mundo. As ruínas da capital que simbolizou a Era de Ouro da civilização tai, fonte do orgulho nacional tailandês, estão em meio a um belíssimo parque, formado por enormes jardins, e são Patrimônio da Humanidade.

Protegida por três muralhas concêntricas e dois fossos com água, entrava-se na cidade por quatro portões. Do seu tempo de glória, restaram 21 sítios históricos, sendo que do lado de fora, num raio de 5 quilômetros, é possível visitar outros setenta templos e monumentos construídos no melhor estilo sukhothai.

Começamos pelo complexo Wat Mahathat, um dos mais belos exemplos da arquitetura desenvolvida na cidade, caracterizada pelas gigantescas estupas formadas por uma espiral cônica repousando sobre uma base quadrada. No auge, Wat Mahathat era formado por 198 estupas, várias capelas e santuários. Algumas das imagens originais de Buda ainda podem ser admiradas no local, como uma com 9 metros de altura, em que ele aparece sentado em posição de lótus em meio a uma série de colunas. Pintado de branco, trata-se do ícone mais famoso de Sukhothai.

O dia estava nublado, dificultando o trabalho do Ferreira. A cada foto, e foram centenas, meu amigo se lamuriava:

— Ah, se tivéssemos um céu azul!

A época do ano não era a mais propícia para visitar o norte da Tailândia, mas nosso objetivo principal na expedição não era esse país. Reservamos a maior parte de nossas semanas no Sudeste Asiático para o Vietnã, mas o local, bem como o Laos, estava em nosso caminho e não o desprezaríamos. A região, além de ser muito bonita, tinha uma história fascinante. Queria aproveitar cada quilômetro percorrido.

Graças ao tuc-tuc à disposição, visitamos a maior parte dos prédios, alguns muito interessantes. Havia uma estupa apoiada em quatro fileiras de estátuas de elefantes, um monumento em estilo khmer, prova de que o lugar havia mesmo pertencido ao povo khmer antes da chegada dos tais, e muitas imagens de Buda, todas belíssimas, inclusive uma dele caminhando, única no mundo.

— Tem certeza? — perguntou Ferreira.

— Foi o que o motorista disse.

No final da visita o intenso mormaço se transformou numa chuva miúda. Chegamos à rodoviária sob um aguaceiro torrencial. Compramos alimento e água e embarcamos para o norte, cruzando diversas cidades. A rodovia, à medida que se distanciava de Bangcoc, piorava. O ônibus fez uma rápida parada em Lampang, importante cidade histórica, e, seis horas depois de termos deixando Sukhothai, chegamos a Chiang Mai, o ponto mais ao oeste alcançado na expedição.

Chiang mai

Altitude: 317m
Latitude: 18° 47' 43.70"
Longitude: 98° 59' 10.47"
Distância de Porto Alegre: 16.770km

Popularmente conhecida como a capital cultural do Norte, estávamos na maior cidade tailandesa ao norte de Bangcoc. Mesmo assim, na rodoviária foi difícil encontrar um motorista de tuc-tuc que falasse inglês. Por fim, apareceu um intermediário ávido por alguns trocados. Mostramos o endereço do hotel em que desejávamos ficar, na parte antiga da cidade, e saímos respirando dióxido de carbono em meio a um tráfego pesado.

Cruzamos uma das pontes sobre o fosso que isolava a velha capital, entramos por um enorme portão aberto entre as muralhas construídas há setecentos anos e ainda intactas, e mergulhamos numa rede de ruelas, aleias e becos estreitos povoados com cafés, restaurantes, livrarias, pousadas, lojas de artesanato, templos e agências de turismo. Jardins, árvores e cercas vivas davam um charme especial ao local.

As três primeiras opções de pousada, escolhidas a partir dos preços mais acessíveis indicados no guia *Lonely Planet*, estavam lotadas. Mesmo contra a minha filosofia, acabamos nos hospedando num hotel sugerido pelo motorista do tuc-tuc. Significaria preços mais caros, incluindo a comissão dele enquanto estivéssemos na cidade e em todas as coisas que comprássemos por intermédio do hotel.

— Faz parte do jogo.

Pelo menos a localização era adequada, na mesma quadra das pousadas. Havia algumas facilidades, como uma tevê no quarto, usada pelo Ferreira. O restaurante era bom, o serviço de lavanderia barato e podíamos, caso desejássemos, alugar uma moto do próprio hotel. Ao lado ficava uma *lan house* onde Ferreira utilizava os computadores para trabalhar as fotos e eu poderia usar o telefone para me comunicar com o Brasil.

Nosso roteiro não estava definido — tínhamos apenas uma ideia —, nem sabíamos quanto tempo demoraríamos em cada lugar. Dependeria das surpresas encontradas pelo caminho, tanto as agradáveis quanto as desagradáveis. A notícia boa foi que Ferreira, conforme o prometido, conseguiu, utilizando um alicate que trazia na mochila, reparar a bomba para o chimarrão, que tomamos na área térrea do hotel, antes do desjejum.

— Que tal ficou o conserto? — perguntou ele, enquanto eu sorvia o primeiro mate.

— Bueno, barbaridade!

Chiang Mai possui cerca de trezentos templos, tantos quanto Bangcoc. Com uma arquitetura própria, caracterizada por entalhes de madeira e coloridos painéis, são originários dos séculos XIII e XIV. Uma sombrinha em três níveis adornando o telhado dos templos, leões guardando as entradas e as compactas bases quadradas das estupas são influências da arquitetura birmanesa.

Sob um sol terrível e implacável, iniciamos nossas caminhadas pelas ruas da cidade visitando o Wat Chiang Man. Costume na

Tailândia, ao entrar deixamos os calçados no lado de fora. Além de sujar o templo, levaria impurezas para dentro da casa de Buda. Uma vez ou outra, a situação não chega a incomodar. Mas quando não se faz outra coisa a não ser entrar e sair de templos budistas, tirar os calçados acaba infernizando a vida de qualquer cristão.

Construído pelo fundador de Chiang Mai, o rei Mengrai, em 1296, trata-se do mais antigo complexo religioso da região. Além da beleza do templo principal e dos pavilhões secundários, onde há duas famosas imagens de Buda (no altar, mas infelizmente atrás de grades), podemos ver, nos fundos do pátio, uma extraordinária estupa, cuja base está apoiada sobre esculturas de elefantes, os meios-corpos dos animais se projetando das paredes.

Bazar

Aos domingos, das 16 horas à meia-noite, a avenida principal, que divide a cidade murada em Norte e Sul, é fechada ao tráfego de veículos, e um gigantesco mercado se estabelece nas calçadas e na parte central da rua. Tanto os moradores da zona rural, com seus produtos agrícolas, quanto os vendedores de manufaturados, com suas quinquilharias industrializadas, infestam a avenida.

Quiosques vendiam comida típica, indígenas provenientes das montanhas próximas ofereciam artesanato, alguns bem curiosos. Mulheres da tribo aka, vestindo roupas coloridas, desfilavam oferecendo sapos de madeira que, ao terem as costas pressionadas com um bastão, produziam um som idêntico ao coaxar dos animais. No começo, chegamos a ficar confusos, imaginando onde estariam os sapos.

Cerimônias religiosas, como despejar água sobre imagens de Buda, se misturavam ao comércio. Artistas populares se apresentavam em cada canto, dando ao bazar uma alegre atmosfera de quermesse. Ferreira comprou um CD com música folclórica, depois comemos frutas: manga, mamão e abacaxi. E muita água, o calor estava insuportável. Estávamos pouco acima da linha do Equador, numa região coberta por florestas e muito úmida.

À noite, devido à altitude, fazia frio.

Mercado Noturno

Outro lugar movimentado é o Mercado Noturno. Localiza-se fora da parte murada da cidade, num antigo paradouro das caravanas vindas da China em direção ao oceano Índico, na costa de Mianmar. Acabara dentro do perímetro urbano, mas não perdera sua vocação de centro comercial ao ar livre. Pegamos um tuc-tuc e fomos conhecê-lo, destino certo para degustar a culinária típica do norte do país.

Além das centenas de quiosques e tendas improvisadas vendendo bugigangas industrializadas, existem muitos restaurantes, atraindo um grande público. O calor, a noite estrelada e os amplos pátios com mesinhas ao ar livre criam um clima propício a um peixe frito com cerveja bem gelada. Caminhamos um longo tempo em busca de um que nos agradasse, especialmente no quesito preço.

— Este me parece bom.

Examinamos a vitrine, onde diversas espécies de peixes e os mais variados frutos do mar se mostravam em enormes aquários.

— Vamos experimentar — ele respondeu. — Existem diversos freezers lá nos fundos, a cerveja deve estar gelada.

Entramos. Escolhemos uma mesa estrategicamente colocada — nos permitiria acompanhar o movimento dos pedestres na rua em frente —, chamamos o garçom e pedimos o cardápio. Enquanto examinava a carta, conferindo os preços, Ferreira ordenou:

— Traga-nos uma cerveja.

— Chang — completei, referindo-me à marca local, a forte cerveja tailandesa.

O garçom não entendeu nosso pedido, pois queríamos algo que não constava no cardápio. Esperava que apontássemos o item solicitado para saber do que se tratava.

— Chang — repeti, pausadamente.

Ele ficou ainda mais confuso.

— Já sei, matei a charada — respondeu Ferreira. — Chang, além de marca de cerveja, significa elefante.

— Ah! — eu disse.

Não queríamos um elefante, mas uma garrafa de cerveja, gelada de preferência. Decidido, levantei-me e fui até os fundos do restaurante. Pretendia pegá-la num dos freezers. Voltei de mãos abanando.

— Só tem refrigerante — expliquei ao Ferreira.

— Mas como pode? Um restaurante deste tamanho, todo iluminado, na praça mais central do mercado, e não tem cerveja.

O garçom ali, parado. Corri os olhos ao redor e me dei conta de algo que não vira antes, tamanha a fome e a vontade de tomar a dita cerveja.

— Está vendo aquelas meias-luas lá na parede? — perguntei ao Ferreira.

— Sim — ele respondeu. — E daí?

— Daí que entramos num restaurante islâmico, por isso não vendem bebidas alcoólicas.

— Com tantos restaurantes, escolhemos logo este.

Saímos, constrangidos, e sentamos no primeiro restaurante onde as mesas, além de grandes pratos com peixes, estavam cobertas de garrafas de Chang. Deixamos para perguntar os preços na hora de pagar a conta.

Domingo legal

Após alguns dias na cidade resolvemos conhecer o interior da região, famoso por suas belas montanhas, rios caudalosos e interessantes aldeias tribais. Pretendíamos fazer trekking, andar de elefante e descer algum rio numa jangada de bambu, a versão local do rafting tradicional.

Fizemos uma pequena viagem numa confortável van, junto com um casal francês e duas filhas adotivas. Estavam na região para que as meninas entrassem em contato com a cultura natal. Descemos na zona rural, no sopé de uma montanha rodeada por lavouras de arroz.

Caminhamos pela encosta do vale, seguindo a margem de um bonito córrego. Para evitarmos o terreno escorregadio, às vezes subíamos um barranco e descíamos mais à frente, orientados pelo barulho da correnteza. As águas, utilizadas na irrigação, eram alimentadas por um caudaloso rio, aonde chegamos lá pelo meio da manhã. As meninas, mais lentas, nos atrasavam. Por gentileza, ficávamos parados, mais adiante, esperando. A menor, na hora de vadear algum canal pisando sobre toras apodrecidas, pulava para o colo do pai.

— Eu não traria uma criança nestes caminhos — comentei com Ferreira.

— O pai cuida bem delas — ele respondeu.

— Sim, mas a mãe não dá a mínima.

— Ela parece estar odiando a viagem — ele acrescentou.

— Se não for pior: a viagem e as meninas.

— A ideia da adoção deve ter sido apenas dele.

— Imagino que sim. E elas, se não sabem, intuem. Quando sentem algum medo, correm para junto dele, ignoram a mulher.

Foi assim o tempo todo.

Cruzamos para o outro lado do vale por uma improvisada ponte de madeira, em frente a uma bela cachoeira, numa das curvas do rio. Estávamos numa região montanhosa e muito úmida. Os vales nas margens dos rios estavam cobertos de arroz, e os sopés das montanhas tinham bananeiras. As partes altas eram cobertas com grandes árvores e as quedas d'água eram constantes, todas muito altas.

Havia um grupo de jovens banhando-se nas águas espumantes e ficamos apreciando a beleza do lugar no frescor da manhã. Fizemos belas fotos: Ferreira com suas máquinas profissionais, eu com minha câmera compacta, velha parceira de tantas viagens.

Seguimos a trilha, passamos em meio a uma lavoura de arroz, caminhando sobre as taipas, e chegamos à aldeia Mãe Sapok, onde as mulheres teciam roupas, lenços e bonitas tapeçarias em seus teares artesanais. Ferreira comprou um grande tapete, conversamos um pouco, as garotas se divertiram com os porcos e as galinhas, e continuamos a caminhada até um povoado, meia dúzia de casas em ambos os lados da estrada.

Almoçamos numa das residências, sentados sobre uma esteira de junco vermelha e amarela estendida no chão. Ficamos com as pernas encolhidas, posição semelhante à de uma imagem de Buda no altar num dos cantos. Ao contrário da divindade, corretamente ereta, ficamos arqueados e saímos com dores nas costas.

— Alguns amigos já me disseram que a mesa e a cadeira são os dois maiores inventos europeus, e às vezes concordo — comentei com o francês.

— Eu também.

Além da sopa de verduras e da comida saborosa, à base de arroz e carne de frango, temperados na melhor tradição local — muito molho apimentado —, comemos melancia e abacaxi de sobremesa. O melhor, no entanto, foi conhecer o interior de um lar tailandês. Diferentemente de nossa cultura, em que não abrimos mão da privacidade, a casa era formada por uma grande peça, utilizada como sala, cozinha e quarto; apenas o banheiro separado.

Após o almoço fomos até uma casa na beira do rio Wang ali perto. Deixamos o equipamento fotográfico e os documentos com o motorista da van; iríamos entrar na água e o resultado era imprevisível. Estávamos na barranca, e as águas revoltas, descendo das montanhas, corriam espumosas lá embaixo.

Embarcamos numa estreita balsa feita de bambus amarrados com cipós. Tivemos a companhia de um morador local, que nos mandou sentar. Ele se postou à frente, em pé, segurando um comprido croque, utilizado para manter a balsa afastada das pedras e longe das margens do rio. Fiquei no meio e Ferreira, com outro croque, colocou-se na parte traseira. Ninguém sentou. A balsa navegava a maior parte do tempo sob um fio de água, e sentar-se significava molhar os fundilhos das bermudas.

O rio fazia muitas curvas e a correnteza era forte, tentando nos jogar na barranca ou nos fazer acavalar sobre as pedras pontiagudas que emergiam das espumas. A mata ciliar, espessa, deixava apenas um risco de céu sobre nossas cabeças, por onde entrava um sol escaldante. Passamos por um curral de elefantes, vimos alguns garotos se banhando e logo alcançamos outra balsa, cheia de jovens jogando água uns nos outros.

Saímos do rio alguns quilômetros abaixo, onde a van nos esperava. Reencontramos o casal francês com as duas garotas, eles queimados de sol, as meninas cansadas, e seguimos em frente; queríamos andar pelas montanhas em lombos de elefantes.

Montamos um enorme paquiderme, na beira da estrada, e nos aventuramos pelo meio do mato, subindo uma encosta íngreme e toda esburacada. Os animais, indiferentes aos perigos, caminhavam pela borda dos barrancos, mais interessados nas folhas das árvores do que nos dois brasileiros empoleirados em suas costas. O tratador, a cavalo, os comandava cravando-lhes um prego na nuca e falando uma língua que, convenhamos, só elefante mesmo para entender.

O rapaz nos conduziu até uma choupana, no alto do morro, onde morava. Aproveitou e fez uma visita à esposa e ao filho recém-nascido, enquanto ficávamos, no sol, admirados com a inusitada situação. Construído sobre palafitas, o casebre, coberto com palha seca e cercado por meias-paredes, tinha a porta na altura do lombo do elefante, cômoda maneira de entrar e sair de casa. E, já que estávamos ali, a senhora nos ofereceu uma latinha de Coca-Cola. Estava fria, eles a tinham dentro de um balde com água. Estávamos com sede, mas comprar e sair bebendo refrigerante sacudindo sobre um elefante quebraria o clima da "aventura".

Por fim, continuamos. Descemos no outro lado da montanha, cruzamos por dentro de um rio e, surpresa!, saímos no mesmo lugar onde havíamos montado.

Voltamos para a cidade. O domingo no campo havia sido perfeito.

Tha Ton

Altitude: 451m
Latitude: 20°03' 39.95"
Longitude: 99°21' 43.54"
Distância de Porto Alegre: 16.870km

Nosso contato com os povos da montanha havia sido tímido, queríamos ampliar a experiência. Estávamos perto da cidade e, para conhecer uma aldeia mais autêntica, deveríamos prosseguir a viagem, especialmente em direção à fronteira com Mianmar.

Cerca de 600 mil pessoas pertencentes aos grupos étnicos minoritários viviam nas montanhas no norte da Tailândia. Cada tribo tinha sua própria língua, costumes, vestimenta e, especialmente, tabus, consequência das crenças espirituais praticadas. A maioria era de origem nômade, tendo migrado do Tibete, Mianmar, China e Laos nos últimos duzentos anos. Alguns grupos teriam chegado há mais tempo.

Entre os grupos mais interessantes estavam as aldeias do povo padaung, um subgrupo da etnia karen. Conhecidas no Brasil como "mulheres girafas" por usarem uma série de anéis em torno do pescoço, visitá-las fazia parte dos nossos planos desde que saímos do

Brasil. Quando estive na Tailândia pela primeira vez, há alguns anos, já tinha essa intenção, na época não realizada.

O problema era que as aldeias ficavam na fronteira com Mianmar, numa região de difícil acesso, para onde não havia transporte público. Após uma pesquisa, descobrimos que algumas agências de turismo organizavam grupos para conhecerem uma das tribos, saindo de Chiang Mai pela manhã e voltando pela noite. O passeio visitava outros lugares ao longo do caminho, para nós sem interesse algum.

Negociamos um meio-termo. Viajaríamos com o grupo, mas no final do dia, em vez de voltarmos com eles, a van nos levaria um pouco mais adiante, nos deixando em Tha Ton, vilarejo nas montanhas, fronteira com Mianmar. De lá pretendíamos descer o rio Kok até Chiang Rai e, dessa cidade, seguiríamos para o Laos, onde entraríamos cruzando o rio Mekong.

— Temos duas mochilas grandes, vamos levá-las junto — expliquei para a dona da agência. — Terá lugar para elas na van?

— Sim, sem problemas — ela respondeu, acrescentando essa informação em nosso recibo.

Resolvido o problema, nos despedimos de Chiang Mai tomando chimarrão na sacada do hotel.

Na manhã seguinte, na hora de embarcar na van, o óbvio: não havia lugar para as duas mochilas cargueiras. Haviam entupido a caminhonete com turistas, como sempre. Tentaram enfiar a bagagem atrás do último banco, mas não coube. Por fim, após alguma discussão, elas foram colocadas sobre o banco ao lado do motorista, esmagando a guia. A viagem seria longa, quatro ou cinco horas na estrada. Fiquei com pena da pobre mulher.

Na primeira parada, uma hora depois, para visitarmos um orquidário e uma criação de borboletas (que os ingleses adoraram), o problema foi resolvido: a agência alugou um automóvel e fomos transferidos para ele. Fizemos o resto da viagem esparramados nos bancos de couro do belo carro com ar-condicionado, rádio e, principalmente, motorista particular: paramos em todos os lugares que desejávamos fotografar. Tudo sob os olhares invejosos dos outros turistas, esmagados dentro da van.

Na cordilheira Chiang Dao, na fronteira, paramos ao pé do monte Doi Chiang Dao, o terceiro pico mais alto do país, com 2.225 metros de altitude. Um complexo de cinco cavernas conectadas entre si avançava mais de 12 quilômetros montanha adentro, um lugar realmente interessante. Estava no programa percorrer parte de uma delas. Tham Phra Nawn tinha 360 metros de profundidade, e sua boca estava pouco acima de um belo lago. A guia avisou que a trilha seria difícil devido à irregularidade do terreno, em alguns lugares muito úmido — sem contar a sensação de claustrofobia —, e muitos resolveram esperar no lado de fora.

— Para avançar além da metade precisa-se de passaporte; entraremos em solo de Mianmar — brincou a moça.

Decidimos arriscar, e valeu a pena: decorada com enormes estalagmites e não menos deslumbrantes estalactites, a caverna perfurava a cordilheira transformando-se num labirinto sem-fim. Nas laterais, como era de se esperar, diversas capelas budistas paramentadas com imagens, fitas, velas e todo tipo de oferendas. Uma parte do teto, mais ao fundo, havia desmoronado durante o tsunami de 26 de dezembro de 2004, que abalou a região. Resolvemos voltar.

Paramos na pequena cidade de Fang para almoçar e seguimos em frente. No caminho nos desviamos da estrada e subimos uma montanha, fomos apreciar uma enorme estátua de Buda, sentado na posição de lótus. Toda branca, construída em meio às árvores que cobriam a encosta da cordilheira, no lado tailandês, nos deu uma ideia precisa da importância da religião nesse canto do país.

Caso atravessássemos as montanhas e saíssemos em Mianmar, encontraríamos ainda mais templos e imagens de Buda do que em toda a Tailândia.

No meio da tarde estávamos na aldeia das mulheres girafas.

Mulheres Girafas

O povo padaung, originário do estado de Kayah, no outro lado da fronteira, fugiu da Birmânia no século passado. Vivia na Tailândia, com o status de refugiado político, e ainda lutava contra o governo birmanês pela criação do seu país. Eles ocupavam a região central da Birmânia quando os beligerantes príncipes birmaneses migraram do norte e invadiram os vales onde moravam.

Visitamos a aldeia demoradamente. Os homens estavam nas lavouras e as mulheres trabalhavam na fabricação de tecidos, utilizando rocas manuais. Elas eram muito simpáticas, pareciam alegres com nossa presença. Tiramos muitas fotos e distribuímos presentes para as crianças: leite e chocolate comprado quando paramos para o almoço.

As mulheres usavam colares de metal em volta do pescoço, formados por mais de 25 voltas. Colocados quando elas têm entre 5 e 6 anos, e constantemente ampliados, eles servem de apoio à cabeça. Descomprimem as vértebras da coluna vertebral, deixando-as com os pescoços mais longos que o natural. Usam também anéis nos braços e nos tornozelos.

A maioria do povo padaung pratica religião animista, mas cerca de 10 por cento deles são muçulmanos. Nos últimos anos, devido à presença de missões cristãs, alguns se converteram ao catolicismo. As festividades anuais pela fertilidade e prosperidade da aldeia são comemoradas no começo da estação chuvosa, quando sacrifícios são feitos aos espíritos pedindo saúde e boas colheitas. Vivem principalmente da plantação de arroz.

Após a visita à aldeia continuamos por uma estradinha ao lado de uma lavoura de arroz até a pequena Tha Ton, junto ao rio Kok, na base das montanhas que demarcam a fronteira com Mianmar. Nosso carro particular nos deixou numa bela pousada, à margem do rio, com a varanda do quarto dando para as águas turbulentas. Um pouco abaixo a única ponte, unindo os dois lados da cidade. No outro lado do rio, na encosta da montanha, um grande mosteiro. Final de tarde, os monges, envoltos em seus mantos cor de laranja, voltavam para casa, agitando o pátio em torno do templo.

Com todo cuidado para não desmontar a bomba, preparei um chimarrão. Havia enchido a garrafa térmica na cozinha da pousada, água quente não faltaria. Tomamos mate olhando os pequenos barcos de pesca descendo e subindo o Kok. Navegavam até a fronteira, um pouco acima, e voltavam, impedidos de continuar pelos soldados de ambos os países. Nunca consegui associar exércitos a imagens de libertação, como fazem os franceses. Tropas militares sempre me lembram restrições de movimento, algo que me prejudica a saúde espiritual.

Entre um mate e outro, sorvido com calma para sentir o gosto da erva gaúcha naquele distante rincão, apreciávamos a paisagem tropical. As árvores, plantadas lá embaixo, na barranca do rio, tocavam com suas copas verde-musgo a amurada do alpendre. Algumas lesmas, transpostas para a madeira, se expunham calmamente às nossas câmaras fotográficas. Os pássaros cantavam em algazarra. Preparavam-se para o anoitecer, cada qual desejando o melhor galho.

— Vou fechar as janelas do quarto, por causa dos mosquitos — disse Ferreira, passando-me a cuia após a bomba dar a última roncada.

Aprecio muito as cidades fronteiriças. Por menores que sejam, normalmente são cosmopolitas, frequentadas por viajantes, turistas e todo tipo de comerciantes. Movimentadas, dão a sensação de que mundos diferentes se encontram nesses locais; a atmosfera é agitada, a vida é frenética. Percorri muitas mundo afora, e não me canso de admirá-las.

Mas Tha Ton, infelizmente, fugia a essa regra. Estava na fronteira, mas não era uma cidade fronteiriça. Impedidos de passar de um lado para o outro, tanto os que iam quanto os que vinham, tínhamos a sensação de termos chegado ao fim do caminho. A cidade, a princípio acolhedora e simpática, cheia de monges sorridentes, ao entardecer exalava certo ar de melancolia.

— Bom para descansar — falei ao Ferreira, devolvendo a cuia cheia —, mas prefiro locais mais agitados.

— Concordo — disse ele, e acrescentou, ao final do último mate: — Obrigado.

Resolvemos dar uma guinada para o leste e avançar em direção ao Laos, no outro lado da Tailândia, onde poderíamos cruzar a fronteira atravessando o Mekong. Antes, porém, era preciso sair de Tha Ton. O melhor caminho, nos informaram, seria descer pelo rio Kok até Chiang Rai, a cerca de 100 quilômetros. Dessa cidade, havia ônibus público até Chiang Khong, na fronteira.

Montanhoso, serpenteando por entre a cordilheira, o Kok é famoso pelas corredeiras, pelo excesso de pedras e pelos inesperados bancos de areia, tudo camuflado pela vegetação aquática. Mas há um barco adequado para esse tipo de viagem. Típico da região, é estreito e longo, com a popa e a proa empinadas, fácil de ser manobrado. Impulsionado por um motor de automóvel, montado na popa, de onde sai um longo eixo com uma hélice na extremidade, cobre a distância em poucas horas. Podíamos alugá-lo ou esperar que ele fizesse sua viagem rotineira rio abaixo.

O dono da pousada nos informou que, contratado, partiria assim que desejássemos. Se fôssemos esperar, não sabia quando partiria;

depende da carga ou de outros passageiros. Havia lugar para seis pessoas, e não queríamos pagar sozinhos, embora não fosse caro. Decidimos esperar, e logo veio a boa notícia: o barco sairia na manhã seguinte.

— Vamos encarar?

— Vamos.

Chiang Rai

Altitude: 376m
Latitude: 19º 54′ 42.08″
Longitude: 99º 49′ 38.80″
Distância de Porto Alegre: 16.906km

Embarcamos num improvisado ancoradouro, um pouco abaixo da ponte, junto com apenas mais um passageiro, morador das redondezas, e alguma carga. Esta, juntamente com as mochilas, foi protegida com uma lona. Ameaçava chover, e o toldinho do barco não cobria toda a sua extensão. Pulamos do barranco para dentro dele, um salto acrobático. Estreito demais, gingava conforme nos acomodávamos em seu interior, sentados sobre uma lona estendida no fundo. A posição era incômoda, mas a paisagem — e a adrenalina! — prometiam uma viagem emocionante.

Desceríamos 74 metros rio abaixo, levados pelo barulhento motor e pelas fortes correntezas. A hélice, controlada manualmente, ficava à flor d'água, evitando as pedras. Assim mesmo, lá pelas tantas, pelo meio da viagem, bateu numa rocha e quebrou, obrigando nosso barqueiro a trocá-la. Levávamos alguns galões extras de gasolina e dois bujões de gás. Nada podia ser mais excitante.

— O mais incrível — comentei com Ferreira —, é que estamos pagando para andar nessa armadilha aquática.

— Prepare-se para voar — disse ele, meneando a cabeça em direção ao potente motor.

— Se cairmos na água, preocupa-me o equipamento fotográfico — comentei, olhando para as câmaras, lentes e filtros espalhados sobre seu colo.

— Agora só temos uma coisa a fazer

— Rezarmos — interrompi.

— É.

O motor roncou, as amarras foram soltas, demos meia-volta e aproamos rio abaixo cercados por uma paisagem ribeirinha muito bonita. O rio se intrometia entre as montanhas, fazia voltas e mais voltas, descobrindo vales, enfiando-se pela sinuosidade do terreno. Os mosteiros nas encostas desapareceram, as plantações ficaram para trás e um chuvisqueiro, tão rápido como veio, se foi. O sol, no começo tímido, logo voltou a brilhar.

O barqueiro, ágil, manobrava com extrema perícia. Navegava de um lado ao outro do rio, evitando as gramíneas. Desviava das pedras, das corredeiras e dos bancos de areia, perigos submersos que só ele via. Numa curva, surgiu um pequeno ancoradouro, improvisado sobre o tronco de uma árvore. Nosso passageiro desceu com seus sacos de mantimentos, e o barco ficou mais leve.

Veio o sol, as montanhas ficaram mais nítidas, Ferreira fazia malabarismos para fotografar do melhor ângulo. Gesticulando embaixo de uma árvore, uma moça atraiu nossa atenção. Demos-lhe uma carona até outro local, ainda mais solitário, em meio às montanhas. Dela, nada ficamos sabendo. Nem de onde vinha, ou para onde ia. Muda, apenas agradeceu com um largo sorriso.

— Quem era ela? — perguntei.

— Nunca a vi antes — respondeu o barqueiro.

As montanhas foram se atenuando, casas surgiam aqui e ali. Num agrupamento delas, que logo descobrimos ser um hotel de selva, ancoramos. Um casal inglês com uma menina pequena embarcou. A moça viajava com a filha e o namorado. Bonita, a jovem mulher, com sua saia curta, sentia-se à vontade dentro do barco, para deleite do nosso barqueiro.

Paramos numa aldeia ribeirinha, onde fizemos um lanche. Havia diversos viveiros com cobras gigantescas, uma delas com mais de 8 metros. Elefantes se banhavam no rio, outros chegavam com seus tratadores. A parada foi estratégica, para fotografar as cobras e andar de elefante.

— Barato, *sir*. Uns poucos euros.

Como não queríamos uma coisa nem outra, seguimos adiante, estávamos perto da cidade, podia-se notar.

Andando a uma média de 30 quilômetros por hora, menos de quatro horas após a saída de Tha Ton a voadeira aportou em Chiang Rai, importante entreposto comercial entre a Tailândia, a China e o Laos.

Dividimos um tuc-tuc com a família inglesa. Ficamos numa pousada, no centro, a duas quadras da rodoviária; eles foram para um hotel turístico numa área de lazer perto do rio. Cheguei a pensar em sugerir nossa hospedaria, mas desisti. Essa mania de querer ajudar outros viajantes a economizar dinheiro nem sempre dá certo, e eles não me pareceram os mochileiros tradicionais. Além do mais, os olhares da inglesa e sua saia curta me deixavam encabulado.

Chiang Rai tinha apenas dois atrativos: o tradicional mercado, alma de qualquer cidade, e o Wat Prae Kew, o templo do Buda Esmeralda, visitados no dia seguinte. Tivemos alguma dificuldade com a língua, especialmente na hora de comer e localizar o mosteiro. À medida que nos enfiávamos no interior da Tailândia, restringia-se a possibilidade de encontrar alguém capaz de entender alguma das línguas que falávamos.

Chegamos à rodoviária no meio da manhã. Embora próxima do hotel, o mapa se mostrou impreciso. As ruelas se bifurcavam, dobravam aqui e ali para logo se reencontrarem, nos jogando, algumas vezes, no ponto de partida. Chovia, as mochilas pesavam. Não havia esgotos e o calçamento não era contínuo; obrigava-nos a malabarismos para evitar as poças d'água. Os terrenos baldios, cobertos de lixo, causavam certo desconforto. Não tínhamos a menor ideia dos horários dos ônibus, nem certeza se existiam linhas públicas para a fronteira.

Pergunta daqui, indaga dali — cuidando para não cair nas mãos dos vivaldinos comuns a todas as rodoviárias —, descobrimos um ônibus, ou o que eles chamavam de tal, com destino a Chiang Khong. Por mais que tentássemos, impossível descobrir o horário de saída. Restou-nos pagar a passagem, colocar as mochilas no final do corredor, por uma porta na lateral traseira, e esperar sentados.

Mofamos mais de uma hora para sair e um bom tempo para a lata velha abastecer na periferia da cidade. Durante duas horas sacolejamos por uma rodovia esburacada e cheia de curvas, parando a todo instante. Os bancos estavam rasgados, os assentos fora do lugar, a lataria remendada e, pelos furos no assoalho, podíamos ver a estrada ficando para trás.

— Pelo menos está chovendo — comentei com Ferreira. — Elimina a poeira.

— É — ele disse. — Mas numa dessas curvas, como a porta traseira continua aberta e o motorista não se cansa de acelerar, as mochilas vão cair na estrada.

# Laos

Huay Xai

Altitude: 353m
Latitude: 20° 16' 55.45"
Longitude: 100° 24' 30.18"
Distância de Porto Alegre: 16.978km

Na pequena Chiang Khong, esgueirando-nos por entre os grossos pingos de chuva, trocamos o ônibus por um tuc-tuc e fomos até a aduana, na beira do rio. Carimbamos os passaportes, passamos sob um pórtico que nos dava as boas-vindas à Indochina, subimos num pequeno barco movido a motor de popa, com mais duas pessoas, moradores locais, e demos início à travessia do Mekong em direção ao Laos, na outra margem.

O Mekong é o 12º mais longo rio do planeta (4.500 quilômetros) e o 10º em volume de água. Drena uma área de 795 mil quilômetros quadrados. Nasce no Tibete e corre pela China, Mianmar, Tailândia, Laos, Camboja e Vietnã, onde seu delta deságua no mar do Sul da China. A história conturbada do seu vale, quase sempre palco de lutas tribais, e mais recentemente internacionais, o transformou num dos rios mais famosos do planeta.

Com mais de um quilômetro de largura, as águas barrentas desciam pontilhadas por tocos podres flutuando, gramíneas verde-musgo arrancadas dos barrancos, touceiras de vegetações aquáticas e muita sujeira. Enquanto o barco se distanciava da Tailândia, deixando ao longe o baixo casario dos tais e nos levando rumo ao barranco oposto, onde flutuava uma bandeira do Laos, lembrei-me do quanto lera sobre essas águas, dos filmes que vira, das histórias terríveis ocorridas durante as tantas guerras travadas no Sudeste Asiático.

Gosto de rios. Naveguei pelos maiores do mundo, entre eles o Nilo e o Amazonas, mas nenhum com uma tradição tão beligerante. Ao comentar com amigos que pretendia me aventurar pelo Mekong, mesmo os viajantes mais experientes ficaram apreensivos. Agora ali, estava passando de um lado para o outro, preparando-me para descê-lo nos dias seguintes, mergulhar em sua história, desafiando seus perigos milenares. Senti um friozinho de prazer na barriga, estava realmente feliz.

Pisamos na República Democrática do Laos e o romantismo da pequena travessia foi se diluindo nos formulários e mais formulários, trâmites burocráticos cujo principal objetivo é extorquir dinheiro de quem ousa transgredir aquelas fronteiras. Pagamos 50 dólares americanos pelo simples direito de entrar no país, dinheiro que, em vez de ser gasto no comércio local, deve servir para alimentar a máquina corrupta do Estado.

Subimos arfando pela escadaria junto ao barranco, com uma breve parada para mostrar aos aduaneiros o conteúdo das mochilas, e chegamos à cidade: uma única rua paralela ao rio. Algumas pousadas, meia dúzia de restaurantes, uma ou outra loja com produtos importados da Tailândia e da China, uma casa de ferragens, um armazém com produtos das redondezas e um banco. Um pouco mais acima, no topo das montanhas, um mosteiro repleto de monges e sinos tocando.

Mesmo acanhada, numa das encruzilhadas mais distantes do mundo, Huay Xai tem aquele clima de fronteira que tanto me agrada. Podia-se ver, entre a população local, gente de outros países. Meia dúzia de mochileiros, alguns turistas europeus em trânsito, gente que lá estava unicamente para atravessar o Mekong e voltar antes de a noite cair, e muitos, muitos dos tradicionais comerciantes especializados em transportar mercadorias entre países sem pagar impostos, a maioria oriunda da China.

Instalados num pequeno hotel, tratamos de conseguir dinheiro local. Havia um ATM em frente ao banco, mas como era de se esperar, não funcionava. Largamos os calçados no lado de fora e entramos no banco. Costume no país, sempre que se entra numa casa, qualquer casa, seja religiosa, particular ou comercial, precisa-se deixar os sapatos na entrada. No começo, essas novidades encantam; realçam as diferenças culturais, motivo de toda viagem. Depois, acostuma-se, e vira uma chatice.

Preenchemos alguns formulários e trocamos 100 dólares americanos. Saímos com os bolsos estufados de cédulas de todos os valores. Voltamos ao hotel, espalhamos a dinheirama sobre os lençóis e tratamos de identificar cada nota daqueles 880 mil kip.

Havia dois tipos de embarcação rio abaixo: uma voadeira furiosa e um *barge* câmara lenta. Analisamos as duas possibilidades e optamos pela voadeira. Pequena, com capacidade para seis passageiros, faria o percurso em um único dia. Era desconfortável, bem mais cara e, segundo nosso *Lonely Planet*, extremamente perigosa. Quando o guia foi publicado, examinavam a possibilidade de proibir seu uso por estrangeiros. Os acidentes eram frequentes, muitas pessoas haviam morrido.

Desconfiei que tais restrições fossem para inibir os contrabandistas; a polícia não estava preparada para abordar um veículo tão rápido. Mesmo assim, havia o perigo: a jornada seria longa e o Mekong estava longe de ser considerado uma via tranquila. Havia muitas pedras e tocos de árvore descendo pelas águas, curvas em excesso e bancos de areia por todo lado. As correntes eram fortes e as águas, descendo espremidas por entre as montanhas, profundas. Devido à grande velocidade do barco, qualquer acidente nos jogaria longe, sem falar na perda das mochilas, as do Ferreira com equipamentos caríssimos.

— Talvez devêssemos ter optado pelo barco grande — comentei com Ferreira à noite, durante o jantar.

Estávamos comendo peixe frito com arroz num pequeno restaurante, na penumbra, sob algumas árvores, na barranca do rio, enquanto luzes de navegação ligavam as margens dos países lá embaixo.

— Também acho.

Mas já havíamos feito a opção, comprado as passagens; só restava torcer pelo sucesso da viagem.

— Estamos nas mãos do destino — disse Ferreira.

— Não gosto disso — falei. — Embora, em todas as minhas viagens, sempre que o destino deu as cartas, me saí bem. Às vezes, acho que ele é mais prudente.

Na manhã seguinte, pouco antes da partida, quando esperávamos em frente ao hotel o transporte que nos levaria ao embarcadouro, surgiu a funcionária que nos vendera as passagens. Estava chuviscando e ela chegou de lambreta, protegendo-se com uma colorida sombrinha. A moça tinha uma notícia surpreendente: a voadeira não sairia.

— O tempo está para chuva — explicou. — Com essas condições, a viagem fica muito arriscada, o barqueiro prefere não sair.

— Como faremos?

— No meio da manhã sai o *barge*, vocês poderão seguir nele.

— É muito demorado, dois dias de viagem — reclamei.

— Sim, mas é bem mais seguro.

— E as passagens?

— Eu providencio.

— É bem mais barato... — falou Ferreira.

— Sim, comprarei as novas passagens e trarei o troco. Esperem aqui, volto logo. Virei com o tuc-tuc.

Enquanto aguardávamos pelo retorno da jovem, comentei com Ferreira:

— Sempre que a opção escolhida por mim não foi possível e fui obrigado a optar pela alternativa, me dei bem.

— É o tal destino.

— Espero que esteja do nosso lado, mais uma vez.

Minutos depois ela retornou com as passagens, o troco e dois travesseiros coloridos.

— Para forrar o banco — ela disse, ao entregar-nos. — A viagem levará dois dias, os bancos são de madeira, um pouco desconfortáveis.

— Obrigado, você é muito gentil — agradeci, comovido com o presente.

Além de preocupada com a segurança, ela pensava em nosso conforto.

— Descontei do troco.

No caminho, também por sugestão dela, que nos seguiu em sua lambreta, compramos água e algumas frutas.

— Depois de nos deixar no barco — comentei com Ferreira — ela vem buscar a comissão.

PAK BENG

Altitude: 333m
Latitude: 19° 53' 27.28"
Longitude: 101° 07' 39.38"
Distância de Porto Alegre: 17.026km

A saída do *barge* estava planejada para duas horas mais tarde. Primeiros a embarcar, escolhemos o melhor lugar, na frente, bancos que nos possibilitariam esticar as pernas. Feitos de madeira, para duas pessoas, ficavam um em cada lado do corredor. Com base e encosto retos, ambos estreitos, o assento mal dava para nossas bundas — eram feitos para os moradores do alto Mekong, pessoas baixas e magras. Sentamos um em cada banco, na esperança de viajar um pouco mais folgados, mas logo o barco lotou e nos apertamos no mesmo lado.

Descobrimos cedo quão úteis nos seriam os travesseiros providenciados pela garota em Huay Xai. Notamos que nem todos tinham almofadas sobre as quais sentar-se, e demonstravam, nos olhares, essa preocupação. Nós também, mas por outro motivo: quanto mais espichavam os olhos para o nosso banco, mais nos agarrávamos aos assentos fofinhos. Mesmo eles, com o passar das horas, se tornariam desconfortáveis.

O que não faltava eram garrafas e mais garrafas de água mineral e lanches diversos, algo comum aos não iniciados quando se lançam numa jornada incerta. Nosso pequeno pacote de provisões, embaixo do banco, pareceu tímido. Mesmo assim, sobraram frutas, comidas no fim da viagem para aliviar o peso das mochilas. A maioria, devorou os sanduíches tão logo o barco aproou Mekong abaixo.

O *barge*, no tradicional estilo do Mekong, era estreito, 3 metros e pouco, e comprido, algo em torno de 55 metros. Com o fundo chato, tinha a popa e a proa levantadas, favorecendo o movimento contra a correnteza nas viagens de volta. As janelas não ficavam a mais que 1 metro acima do nível das águas.

A maior parte dos passageiros era formada por turistas europeus, embora houvesse alguns asiáticos, especialmente japoneses. Ao longo da jornada — longa jornada! — fomos identificando as nacionalidades pelas vozes e os sotaques: espanhóis, franceses, alemães, ingleses, australianos, neozelandeses, canadenses. Alguns viajavam sozinhos; impossível saber de onde vinham. Falando português, apenas nós.

Havia também alguns laosianos, pequenos comerciantes que iam até a fronteira para se abastecer de produtos industrializados e revender as bugigangas em suas pequenas comunidades, ao longo do rio. O *barge* era o único meio de transporte naquela vasta região. Havia algumas famílias, imaginei que estivessem a passeio. Concentravam-se entre nós e o leme, estiradas no chão de madeira, coberto com um tapete. Dormiam a maior parte do tempo. Viajavam sobre a tampa do porão, onde enfiavam as mochilas à medida que os passageiros embarcavam.

Não havia separação entre o local de comando e o restante do barco. O comandante, sentado num alto banco logo à frente, controlava o timão protegido do vento frontal por uma janelinha de vidro. Era ajudado pela esposa, que cobrava a passagem dos que embarcavam e desciam ao longo do rio — e também pilotava —, e uma filha, encarregada da limpeza. Na proa, à frente da cabine de passageiros, pelo lado de fora, além da bandeira do Laos havia alguns vasos com flores.

O barco não tinha janelas fechadas. Entre a amurada, na qual viajávamos debruçados, e o teto, havia um plástico transparente que deveria ser desenrolado quando chovesse. Ao lembrar-me da chuva, dei-me conta de que havia deixado minha capa no quarto do hotel. A cena me veio completa na memória: tirara a capa da mochila, para proteger-me do chuvisqueiro, e a colocara sobre a cama. Ato contínuo, peguei a mochila, coloquei nas costas e saí a passo.

— Será que o Alzheimer me bate à porta?
— Por quê? — perguntou Ferreira.
— Esqueci a capa de chuva no hotel.

Melhor voltar ao barco. O casco era de madeira; também os bancos e tudo mais. Nada de enfeites nem acessórios, apenas o essencial para mantermo-nos emersos. Melhor, pensei, não precisavam se preocupar com apetrechos extras, coisas para serem esquecidas pelo caminho.

Na popa havia um grande porão, onde um potente motor a diesel trabalhava com algumas peças amarradas com arame. Um tripulante, que dormia a maior parte do tempo, o controlava. Acima dele, depósito, cozinha e dois quartos indicavam que os proprietários, ou administradores — não fiquei sabendo se eram donos ou empregados —, moravam no barco.

Um banheiro amplo e não muito limpo servia a todos. Após usar o vaso, com um balde despejávamos água proveniente do tonel ao lado. Logo ao lado do banheiro, uma senhora, atrás de um minúsculo balcão, vendia biscoitos, café e bebidas, especialmente latinhas de cerveja, devoradas por um grupo de alemães. Se batêssemos em alguma pedra, o que não era raro, depois fiquei sabendo, bêbados, teriam poucas chances.

— Onde estão os salva-vidas? — perguntei ao Ferreira.
— Acho que eles nem sabem do que se trata.

O Mekong desfilava por um vale tortuoso ladeado por montanhas completamente nuas de árvores. Por mais íngreme que fossem as encostas, estavam cultivadas ou serviam de pastagens. Torres de observação, controlando as roças, eram as únicas construções avistadas. Moradores não víamos, apenas desolação. As colheitas haviam sido feitas, avistávamos só a terra dilapidada.

Navegávamos por uma das regiões mais ermas do mundo, e mesmo assim a mão destrutiva do homem a havia alcançado. A paisagem, que deveria ser deslumbrante, deprimiu-nos. O desmatamento doía em todos nós, e logo se tornou o assunto dominante no barco.

Uma senhora italiana, no banco ao lado, disse estar horrorizada. Descobrimos que o marido havia trabalhado no Brasil, na filial de uma multinacional europeia, e ela já visitara o país. O assunto migrou para a Amazônia e tivemos que admitir, entre constrangidos e revoltados, que no Brasil a situação não era diferente: os pobres destruíam as matas para queimar as árvores nos fogões, fazer casas e barcos; os ricos, para criar gado e plantar imensas lavouras.

— Uns destroem por ignorância — eu disse —, outros, por ganância.

— Mas todos destroem — ela reclamou.

— Sem falar nas queimadas criminosas — acrescentou Ferreira.

Começou a chover e a conversa foi interrompida pelo rápido desenrolar das cortinas laterais do barco. Todos ajudaram, e logo estávamos protegidos dos grossos pingos da súbita torrente tropical. Fomos envoltos pelo aguaceiro, a visão encolheu, nosso comprido barco se deixou levar pelas águas do Mekong sem que víssemos nada ao redor. Quase cem almas, às cegas, entregues às habilidades de um timoneiro que nunca víramos antes.

Um barulho de motor se aproximou. Sob chuva intensa, uma lancha encostou no *barge* e um casal com um filho pequeno e uma quantidade enorme de mercadoria se transferiu para o barco. Todos ajudaram, inclusive os passageiros. O próprio piloto passou o leme para a filha e se juntou ao grupo. Caixas, sacolas, malas e não sei mais o quê se amontoavam pelo corredor, acomodados sob os bancos, colocados ao lado dos turistas, ávidos por darem uma mãozinha "àquela gente tão pobre".

Alguns embrulhos se abriram, pacotes se romperam, e maços de cigarro, latas de azeite, embalagens com balas, pilhas, meias, isqueiros e outros que tais se espalharam pelo chão. Parte da bagagem foi colocada sobre a cobertura e protegida por uma lona. Um ajudante caminhava, para lá e para cá, no teto, o som das passadas acompanhado por nossos olhares curiosos. Voltou encharcado. Logo, logo, tudo e todos estavam em seus devidos lugares.

Imediatamente, a chuva parou.

O sol desceu ardente, o calor ficou insuportável. Enrolamos as cortinas, prendemos o plástico no teto e nos voltamos para a paisagem, tão castigada quanto antes. Um amontoado de casebres cobertos com palha surgiu numa das margens e logo ficou para trás. Pareciam desabitados. Mais adiante, no outro lado do rio, tão logo fizemos uma curva, mais algumas choupanas. Atrás delas, o paredão da montanha, além da qual a selva se estendia pelas imensidões do país.

Em frente a uma aldeia um pouco maior, crianças brincavam na barranca do rio. Fizeram sinal, o timoneiro aproou na direção delas e nos aproximamos. Um barco a remo veio até nós, apanhou um passageiro e voltou para a aldeia, todos rodeando o recém-chegado. Levava novidades. O contato daqueles povos com o mundo se dava por seus viajantes, andarilhos que toda comunidade tem. Gente da aldeia que subia o rio e voltava com as notícias da cidade grande. De Huay Xai, na fronteira. Ou de Chiang Khong, no outro lado do rio. Notícias do estrangeiro.

Começou a chover. Desenrolamos os cortinas e amarramos as pontas bem firmes, para não ficarem abanando, como da vez anterior. Poderiam rasgar, e ficaríamos molhados. Era só o que faltava. Tão logo concluímos o serviço, cada qual querendo se mostrar mais hábil que o outro, a chuva parou. Enrolamos tudo de novo. Voltou a chuva.

— Vamos deixar assim — eu disse. — Já vai passar.

Mas não passou. Desenrolamos, às pressas. No auge do aguaceiro o barco cortou a correnteza e logo embicou para uma das margens. Mais próximos, vimos algumas casas, crianças no barranco, a curiosidade maior que o desconforto da chuva. O casal com o filho e a enorme quantidade de bagagem começou a se agitar.

— Acho que vão desembarcar — comentei com Ferreira.

— Não vai ser fácil.

Não foi, mas conseguiram. Indiferentes à chuva, ao barranco escorregadio, ao corpo imerso no rio até a cintura; indiferentes aos pacotes avulsos encharcados e às próprias dificuldades do que é viver naquele canto do mundo, aos poucos baixaram as caixas e tudo o mais. Enquanto isso, um bando de crianças embarcou oferecendo doces, salgados, bebidas, água e uma série de produtos industrializados. Imaginei que além do barranco devia haver uma vila com algum comércio, provavelmente um lugar para onde toda a vizinhança acorresse.

Havia vida, sim, e bem dinâmica, nas margens do Mekong. Pena não termos tempo para descer com o casal e seu filho e conviver com eles, descobrir um pouco mais daquele mundo tão particular, tão cheio de novidades para nós. Não deu. O barco se despregou do barranco, deu ré, fez uma volta e nos colocamos, uma vez mais, paralelos à correnteza. Estávamos no início da viagem, muito haveria para ver. Ainda não sabíamos, mas as maiores novidades estavam reservadas para as próximas semanas.

Continuamos, horas a fio. A aventura aos poucos virava rotina, voltávamos para nossas vidinhas interiores, uns refazendo seus passos, outros imaginando os dias futuros. No final da tarde atracamos num barranco, ao lado de outros *barges*. Nada se via além das águas, da margem lamacenta e da selva mais acima. Alguns rapazes desceram correndo pela ribanceira, se ofereciam para ajudar com as bagagens.

— Acho que chegamos — falei para o Ferreira.

— Aqui?
— Parece.
— Como você sabe?
— Pelos caras querendo ajudar a descarregar as mochilas.
— Pak Beng? — perguntei a um deles.
— Sim — ele respondeu, em inglês.

Ou algo parecido. O importante é que nos entendemos. Pernoitaríamos em Pak Beng e no dia seguinte continuaríamos a viagem em outro *barge* até Luang Prabang, a antiga capital imperial do Laos, no centro do país. Precisaríamos, antes dos outros passageiros, encontrar uma pousada. Viajávamos em dupla, vantagem que nessas horas faz toda a diferença.

— Controle as mochilas — pedi ao Ferreira. — Vou subir com este garoto, ele vai indicar uma pousada. Volto em seguida.

Lá fomos nós, barranco acima, resvalando no barro, em direção à vila, em busca de um lugar para dormir. Pak Beng consistia em uma única rua ao logo do rio, na parte mais alta do barranco. Não havia energia elétrica. Luz, somente no começo da noite, provida de um gerador.

— Mas não é suficiente para aquecer a água do chuveiro — disse-me o dono da pousada. — O banho é frio. E às 22 horas o motor é desligado, tudo se apaga.

Que fazer?

Voltei para o barco e encontrei Ferreira subindo o barranco com as mochilas, ajudado por um garoto, tipo de gente abundante nestes locais. Alguns, por falarem inglês, mesmo rudimentar, trabalham no contato com os forasteiros, um dinheiro extra para a família.

Após uma pequena caminhada pela vila, jantamos no restaurante da própria pousada, um belo alpendre com vista para o rio. O garçom, na ânsia de conversar um pouco com os visitantes, sentou em nossa mesa e nos pagou uma cerveja. Dei-lhe uma camisa da seleção brasileira de futebol, generosidade que logo se espalhou entre os jovens, todos queriam igual honraria.

As acomodações foram as mais espartanas encontradas na viagem, mas o cansaço venceu o calor, os mosquitos, o colchão duro e a falta de banho. O jovem que havia nos ajudado com as mochilas estava a postos na manhã seguinte, esperando em frente ao quarto. Presenteei-o com um par de tênis. Havia trazido para tal fim, e tão logo tive oportunidade dei uma função mais nobre ao velho calçado. O garoto ficou eufórico, para dizer o mínimo.

Imaginei que fôssemos continuar no mesmo barco, mas não. Entramos em outro *barge*, um pouco mais novo. Os bancos eram maiores, alguns forrados com napa, bem mais confortáveis. Havia mais espaço e o madeirame era trabalhado com pequenos entalhes. Um luxo! Havia menos gente, também. Embora difícil de acreditar, alguns dos que foram conosco permaneceram em Pak Beng. Imaginei que fossem turistas em visita a Tailândia que resolveram experimentar uma viagem pelo Mekong.

— Faz sentido — concordou Ferreira.

Teríamos um novo dia pela frente, tão árduo quanto o anterior.

Luang Prabang

Altitude: 296m
Latitude: 19° 53' 26.07"
Longitude: 102° 08' 05.95"
Distância de Porto Alegre: 17.119km

A viagem prometia uma paisagem mais primitiva e, pelo menos em nossa imaginação, mais preservada. Distanciávamo-nos da fronteira com a Tailândia, mergulhando no interior do montanhoso Laos. O vale estreitou, as cordilheiras se aproximaram das águas, o rio afunilou. Outra ameaça, maior que o desmatamento, começava a rondar a história do Mekong: hidrelétricas.

Na parte chinesa do rio estão previstas diversas barragens, energia para o dragão insaciável. A China pretende construí-las também no Laos, e o governo já concordou. Os dois regimes comunistas, autoritários, corruptos e sem o menor comprometimento com a preservação da natureza, negam-se a participar de qualquer estudo sobre o impacto ambiental das hidrelétricas ao longo do rio. O efeito nefasto deverá prejudicar não só a China e o Laos, mas também o lago Tonlé Sap, no Camboja, e o próprio delta, no sul do Vietnã.

No meio da tarde, cansados e com dores por todo o corpo, passamos pelas entradas das cavernas Pak Ou, duas grutas repletas de imagens de Buda, sinal de que nos aproximávamos de Luang Prabang. Menos de uma hora depois aportamos num rústico ancoradouro, ao lado de uma balsa que fazia a travessia de uma margem a outra do rio.

O alvoroço dos carregadores, motoristas de tuc-tuc e demais biscateiros no barranco logo acima indicavam que, após dois dias pelo Mekong, estávamos na antiga capital imperial do Laos.

Seguimos o padrão: pulamos para a terra e ficamos esperando que alguns rapazes retirassem as mochilas cargueiras do barco. Tão logo o faziam, punham-nas às costas obrigando-nos a sair correndo atrás deles barranco acima. Éramos então jogados nas mãos dos motoristas de tuc-tuc, com quem travávamos árduas negociações para que um deles nos levasse a uma pousada que fosse mais interessante para nós do que para eles.

Feito isso, nos preparamos para mais uma cidade empoeirada à beira do velho rio, apenas um ponto de passagem para o norte do Vietnã. Talvez uma noite bem-dormida, uma janta frugal e nada mais.

Que engano!

Luang Prabang foi uma das cidades mais agradáveis que encontrei em minhas viagens pelo mundo. Situada numa baixada entre os rios Mekong e Khan, rodeada por altas montanhas, fora no passado uma fortaleza quase inexpugnável, capital do reino por séculos.

O reino de Lan Chang (terra de um milhão de elefantes) surgiu na metade do século XIV, quando o general khmer Fa Ngum conquistou algumas cidades da região, entre elas Muang Sawa, atual Luang Prabang. Ele implantou o budismo como religião oficial e adotou a imagem do Buda Pha Bang (que deu nome à cidade) como símbolo nacional. No século XVII, Lan Chang se tornou o maior reino do Sudeste Asiático. No século XVIII, foi conquistado pelos tailandeses e no século seguinte pelos franceses, dos quais se tornou colônia até 1954.

Guerra Secreta

No período da Guerra Fria, o Partido Comunista do Laos recebia apoio do Vietnã do Norte, da União Soviética e da China, enquanto a elite que governava o país era patrocinada pelos Estados Unidos. A pequena cidade vivia repleta de espiões americanos, russos, franceses, britânicos, chineses e vietnamitas. Os bordéis eram tão frequentados quanto os mais refinados hotéis, a maconha era tão barata quanto uma porção de fumo para cachimbo e o ópio tão fácil de ser encontrado quanto um copo de cerveja gelada.

Durante a Guerra do Vietnã o território do Laos foi utilizado pelo Vietnã do Norte para transportar material bélico e suprimento para os vietcongues, no Vietnã do Sul. O exército americano, para destruir essa rota, conhecida como trilha Hô Chí Minh, bombardeou brutalmente o país. O episódio ficou conhecido como Guerra Secreta; tanto a presença dos soldados vietnamitas como a dos americanos não era reconhecida pelas duas nações.

Os Estados Unidos se retiraram do Vietnã em 1973, e em 1975 os comunistas criaram a República Democrática Popular do Laos. O rei foi deposto e junto com seus familiares levado para uma cidade no norte, e nunca mais se soube notícias deles. O palácio real foi transformado num museu e a capital novamente transferida para Vientiane, no sul. Os camponeses que apoiaram os Estados Unidos, treinados pela CIA, foram massacrados, sendo que 10 por cento da população fugiram, a maioria para a Tailândia.

Com o objetivo de criar uma identidade cultural, o governo procura manter a nação afastada das influências externas, especialmente da tevê tailandesa, considerada corrompida pelos valores do Ocidente. Formado por dezenas de grupos étnicos, onde 30 por cento do povo sequer falam a língua nacional e ainda mantêm suas crenças animistas, o Laos é o país menos industrializado do Sudeste Asiático.

Patrimônio Cultural da Humanidade, Luang Prabang, com seu casario em estilo francês colonial preservado, vive do turismo de aventura, embora o comércio deva fechar as portas às 23 horas. Os casais só podem se hospedar num mesmo quarto, nos hotéis, se apresentarem documentos que comprovem o casamento. E, para entrar em qualquer prédio, casa particular, estabelecimento comercial ou templo, precisa-se tirar os calçados. Mas os preços baixos, os mais baratos do Sudeste Asiático, compensam tais exigências. Aliás, elas acabam sendo apenas algumas "excentricidades" a mais no roteiro.

A cidade conserva 32 dos 66 templos que existiam antes da chegada dos franceses, no século XIX, dando a impressão de termos voltado na história. Os pequenos hotéis, as pousadas, os restaurantes com comidas locais, os cafés e os bares estão sempre lotados, especialmente por mochileiros jovens. As agências de viagens anunciam passeios de elefantes, viagens de barco, trekking pelas montanhas e banhos em cascatas cujas belezas, pelo menos nas fotos dos cartazes, são de tirar o fôlego.

Há uma infinidade de lan houses — cheias de sandálias e tênis velhos na frente — e lojas de produtos artesanais, além da feira que se forma pelas ruas do centro aos finais de tarde, onde se pode comprar de tudo que é produzido nas redondezas. Lugar especial para degustar os mais típicos e saborosos pratos locais: cobra ensopada e tantas outras iguarias, a maior parte delas feita com peixes frescos e frutas tropicais.

Visitamos belos templos budistas, como o Wat Xieng Thong, um dos mais bonitos da Ásia, construído em 1560. Misturamo-nos com a multidão de monges que circulava pelas ruas, todos com seus mantos cor de laranja e guarda-sóis pretos, proteção indispensável devido ao extremo calor; subimos morros, descemos ladeiras, comemos e bebemos do melhor.

Ferreira tinha a mania de madrugar. Imaginei no princípio que fosse pelo descompasso do fuso horário, mas o homem continuava acordando às 6 da manhã. Explicou que era um hábito antigo, em casa costumava se levantar a essa hora. Entrei no ritmo dele, o que deixava nossos dias longos. Devido às chuvas torrenciais diárias, aproveitamos para descansar na bela pousada à margem do Mekong.

Quando a chuva parava, ficávamos sentados na calçada, à beira do rio, tomando chimarrão e observando as canoas. Algumas com monges, outras com pescadores, desciam ou subiam pelas águas, indiferentes à passagem do tempo.

Certo dia, matando tempo numa lan house enquanto Ferreira trabalhava em suas fotos, descobri um pequeno hotel em Hanói. A localização era boa, os preços dentro do nosso orçamento e aceitavam reservas pela Internet. Faziam também o transfer do aeroporto até a cidade. Fiz as reservas e ficamos na torcida para que desse certo. Eu sabia de histórias incríveis, contadas por outros mochileiros: em Hanói, pirateavam até estabelecimentos comerciais.

Quando um restaurante, uma loja ou um hotel se tornava famoso, abriam outro com o mesmo nome e se postavam no aeroporto, à espera dos viajantes. Quando os passageiros desembarcavam e encontravam rapazes com cartazes se identificando como deste ou daquele hotel, apresentavam-se e eram levados pelos falsários para o hotel pirata.

Às vezes, descíamos ao porto para observar os barcos chegarem de Pak Beng cheios de mochileiros extenuados. Tão logo pulavam para terra, eram envolvidos pelo enxame de carregadores, motoristas de tuc-tuc, divulgadores das pousadas e todo tipo de vendedor ambulante. Acocorados na beira do rio, dava gosto ver aquele pessoal nas mãos dos espertos rapazes, caras e bocas involuntariamente posando para as lentes do Ferreira.

Ficamos amigos do Phing. Com 17 anos e falando um pouco de inglês, ganhava 1 dólar por dia do proprietário da pousada para a qual distribuía panfletos e tentava aliciar algum hóspede. Contou-nos que parou de estudar inglês porque a escola ficava longe do mosteiro, onde morava. Quando voltava, lá pelas 22 horas, não havia mais jantar.

Assim como os amigos e a maioria da população do Laos, passara alguns anos no mosteiro, estudando. Saíra para tentar a vida, mas estava difícil. Embora não tivesse vocação, pensava em voltar à vida monástica; assim teria casa e comida garantidas. O governo não se interessava em dar estudo aos jovens, refletindo uma tradição local.

Conhecemos também Sara, uma jovem israelense à espera de alguns amigos que deveriam chegar no barco procedente de Pak Beng. Ela acabara o serviço militar em Jerusalém e tinha seis meses de férias. Escolhera o Sudeste Asiático, mas estava decepcionada, a pobreza era muito grande. Preferia praias. Agora estava ali, naquele fim de mundo. Os amigos não chegaram no barco, ela não sabia o que fazer.

Perguntei por que não escolhera o Brasil, onde havia muitas praias. Ela explicou que assistira ao filme *Cidade de Deus* e ficara horrorizada com a violência no país; jamais viajaria para um lugar assim.

— Trata-se de uma obra de ficção — disse Ferreira.

— Não, não é ficção não — ela falou, convicta. — Em Israel o cartaz do filme dizia que era um documentário, o Brasil é assim mesmo.

Lembrei-me de ter lido, em algum lugar, que para melhor promover o filme no exterior, causando mais impacto no mercado, a produção de *Cidade de Deus* o divulgou como sendo um documentário ou algo do gênero.

— Existe violência no Brasil — expliquei. — Mas apenas em algumas partes do país, especialmente nas grandes cidades.

— Me disseram que todo o país é exatamente como mostra o filme — ela insistiu. — Eu jamais pensaria em viajar para lá. Nem eu nem meus amigos.

Ela estava convicta. Pediu um cigarro, mas não tínhamos. Ofereci ajuda, ela recusou, por certo estava com medo de brasileiros tão violentos.

Nossa estada na calma Luang Prabang, prevista para durar um dia, demorou-se uma semana, espécie de férias, preparação para enfrentar a demorada e árdua viagem que se avizinhava pelo interior do Vietnã.

Vietnã

A tentativa de restabelecer o comércio com o Oriente, interrompido com a tomada de Constantinopla pelos turcos em 1453, levou os europeus a se lançarem na busca de novas rotas marítimas. A expedição do português Vasco da Gama inaugurou a presença europeia na Ásia. Entre os séculos XV e XVII, foram instalados feitorias e enclaves coloniais, entrepostos de exportação de especiarias e outras mercadorias preciosas.

Os portugueses estabeleceram seu domínio na costa da Índia e na China, e tentaram conquistar o Japão. Os espanhóis se instalaram nas Filipinas. A partir do século XVII, a presença britânica na Índia, com a Companhia das Índias Orientais, superou a concorrência de Portugal e deslocou os franceses para o Sudeste Asiático.

No começo do século XIX, os países do Ocidente restauraram o colonialismo, baseados na nova divisão econômica e política do mundo pelas potências capitalistas em ascensão. Os europeus e o Japão envolveram-se numa disputa acirrada para redividir os territórios asiáticos. A Rússia conquistou a Sibéria e partes da Ásia Central.

O Reino Unido assegurou soberania sobre a Índia e criou os chamados Estados Intermediários no Nepal e no Butão. Invadiu o Tibete, anexou o Ceilão (atual Sri Lanka) e a Birmânia (atual Mianmar), parando apenas na fronteira com o Sião (atual Tailândia). Com a Guerra do Ópio, tomou Hong Kong.

A França se firmou na Indochina, uma grande península do sudeste asiático formada pelos países Annam, Cochinchina (sul do atual Vietnã), Tonquim — estes três formam o atual Vietnã —, Laos, Camboja e o território chinês de Kuang-tcheou-wan. A Holanda manteve o controle nas Índias Orientais (atual Indonésia).

HANÓI

Altitude: 15m
Latitude: 21° 01' 50.39"
Longitude: 105° 51' 08.74"
Distância de Porto Alegre: 17.520km

Esperamos algum tempo na sala de embarque do acanhado aeroporto em Luang Prabang. Preparamo-nos, como sempre acontece nessas regiões mais isoladas, para uma longa espera. Os aviões são poucos, quando um atrasa, toda a malha sofre. Viajaríamos num bimotor da Air Laos, um pequeno turboélice muito popular nestas paragens.

Curiosamente, no entanto, o avião saiu antes do horário.

— A partir de agora — comentei com Ferreira —, devemos estar preparados para tudo.

O aeroplano voava tão baixo que podíamos acompanhar as ondulações do terreno. As lavouras foram desaparecendo, as estradinhas sinuosas sumiram, nada mais de casas; apenas montanhas e mais montanhas se sobrepondo. A viagem seria curta, algo em torno de duas horas, tempo para comer o lanche servido a bordo: um sanduíche de peixe ressequido, uma fruta e um refrigerante.

Começou a chover, o aviãozinho desapareceu entre as nuvens.

Lá pelas tantas começamos a avistar plantações em meio a um emaranhado de rios, canais e pequenas lagoas. Surgiam casas, estradas, vilas e, para minha surpresa, gigantescas pontes sobre enormes lavouras de arroz e pequenos rios. Vislumbramos edifícios, torres de controle e logo aterrissamos no Aeroporto Internacional Noi Bai, na periferia de Hanói, embaixo d'água. Finalmente estávamos na República Socialista do Vietnã, o ponto mais ao norte da viagem.

Corremos para um ônibus e saímos no saguão de desembarque. Tínhamos os vistos e passamos direto, enquanto os demais passageiros se aborreciam com os oficiais da aduana. Fizemos uma rápida conta e sacamos 1.650.000 dongs, o equivalente a 100 dólares americanos, num ATM. A operação no caixa eletrônico, feita com sucesso, nos deixou aliviados. Como 1 dólar comprava 1,65 real, bastava riscar os zeros e tínhamos os preços convertidos em moeda brasileira.

Um rapaz falando ao celular nos recebeu no lado de fora da sala internacional. Identificou-se como o motorista que fora nos buscar, pediu que esperássemos um momento e desapareceu. Voltou em seguida com mais três estrangeiros. Embarcamos numa caminhoneta último tipo e pegamos uma moderníssima autoestrada em direção à cidade. Chuva torrencial, trânsito agitadíssimo, e o sujeito falava em dois celulares e buzinava ao mesmo tempo.

Nada podíamos fazer a não ser ficar na torcida para que ele estivesse nos levando ao nosso hotel, minuciosamente pesquisado. O City Gate Hotel ficava ao lado do Cua O Quán Chuong (Portão Oriental), antiga entrada da parte murada da cidade velha, referência a que me agarrei para não ser ludibriado tão facilmente.

Os três rapazes desceram numa esquina e saíram em disparada em meio à chuva; o hotel deles ficava numa ruela estreita demais para a entrada do carro. Fiquei imaginando situação semelhante, mas tivemos sorte: nosso hotel ficava numa ruazinha delgada, mas a caminhoneta nos deixou na porta. Entramos correndo e num rápido diálogo constatamos, para nosso alívio, que estávamos no lugar certo. O preço, contudo, nada tinha a ver com o valor prometido na Internet.

— Vocês ficarão num andar mais alto, por isso mais caro — informou o proprietário, muito simpático.

— Quanto mais alto o andar, mais barato — respondi. — Essa é a norma.

— Normalmente sim — disse ele —, mas não neste hotel, aqui temos elevador.

Foi um golpe de mestre, admito.

Apesar de ser o hotel mais caro do Vietnã, sem dúvida superfaturado devido à chegada em meio à chuvarada, valia os 25 dólares americanos, 12,5 dólares para cada um. Havia, num minúsculo espaço embaixo da escada, dois computadores ligados à Internet, que podiam ser usados sem custo adicional. O apartamento era claro e limpo, o pequeno banheiro decorado com azulejos chineses. O boiler prometia água quente dia e noite, pelo menos o suficiente para encher a delicada banheira. A tevê a cabo era nova, o frigobar ajudaria a manter nossa água gelada, e o ar-condicionado sugeria noites mais amenas.

A sacada, dando para a rua, logo nos deu uma prévia da cidade: prédios altos, novos, bem conservados, misturados com prédios baixos, irregulares e malconservados, alguns se despedaçando. Lá embaixo, na rua, um trânsito caótico. A cobertura em frente tinha diversas gaiolas cheias de pássaros, o que de imediato nos deixou revoltados. Revolta essa que nos acompanhou enquanto estivemos no país; esse péssimo gosto dos vietnamitas estava presente em todos os lugares.

Desfeitas as mochilas, precisávamos sair para jantar. Sentimos, nas primeiras horas no Vietnã, os desafios que nos aguardavam nas próximas semanas. Chovia muito, e minha capa de chuva havia ficado em Huay Xai. A capa de emergência não era suficiente para me proteger do aguaceiro. Mas Ferreira estava com fome, não ficaria sem jantar, então nos aventuramos pelas ruas desertas, no escuro, em busca de um restaurante.

Ou algo parecido.

Por algum tempo caminhamos às cegas pelas ruelas irregulares, encharcados. Quase desistindo, encontramos uma porta aberta. Estavam para fechar, metade das luzes apagadas, o rapaz varria o chão, mas poderiam nos servir um *pot* com carne de vaca. Era o que havia sobrado, não tínhamos alternativa. Iniciamos, naquele restaurante imundo, nossa experiência pela culinária vietnamita.

O garçom nos mandou sentar em dois banquinhos em frente a uma mesinha e logo trouxe uma espécie de fogareiro alimentado por brasas. Colocou sobre a grelha do fogareiro uma fatia de gordura, para que derretesse e mantivesse as brasas acesas. Pegando com dois pauzinhos, os tradicionais utensílios da mesa vietnamita, nossas companhias inseparáveis a partir de Hanói, fomos colocando pedacinhos de carne temperada com cebola e alho — muito alho! — sobre a grelha, e ficamos assando.

Circundando a grelha havia uma parte mais baixa, uma espécie de canal, onde colocamos água junto com dois ovos estrelados e algumas verduras, que foram comidos tão logo ficaram aquecidos. O cheiro da banha derretendo era repugnante. Apesar da fome e das habilidades culinárias do Ferreira, deixamos o prato com os bifinhos pela metade.

Voltamos para o hotel correndo. Não sei se fugíamos da chuva ou do cheiro do restaurante.

Centro histórico

Amanheceu nublado, a chuva prometia desabar a qualquer momento. Com as capas nas mochilas e o equipamento fotográfico bem protegido, nos aventuramos por entre a multidão. Estávamos no centro histórico, formado pelas 36 ruas que antigamente correspondiam às 36 profissões tradicionais do Vietnã. Conhecido pelos franceses como *Cité Indigène* e pelos americanos como *Old Quarter*, o local consistia de um sem-número de quadras tortuosas e ruelas em desalinho, que mudavam de nome a cada dois ou três blocos. Os prédios, a maioria antigos, eram estreitos e altos; os fios elétricos se entrelaçavam formando maçarocas em torno dos postes.

Havia poucos automóveis, apenas alguns carrões de luxo. Os tuc-tuc eram mais comuns, mas não chegavam a impressionar. As motos particulares — ah, as motos! —, essas sim, às centenas, milhares, deixavam o trânsito caótico. Utilizadas tanto por homens quanto por mulheres, pareciam-se mais com as nossas antigas lambretas. Coloridas, transportando diversas pessoas de uma vez, inclusive crianças, davam um toque especial à cidade. Chegamos a ver oito sujeitos num único veículo.

Pura energia.

Não havia sinaleira nos cruzamentos; a técnica era se manter sempre andando. Os *xe om* — mototáxis —, quando precisavam deixar ou pegar um passageiro, subiam na calçada. Caso um motoqueiro parasse, não avançaria mais um metro, ficaria rodeado de outras motos em movimento. Avançava quem buzinasse primeiro, e mais alto.

— Os equilibristas levam uma boa vantagem — comentei com Ferreira.

As bicicletas, em tão grande quantidade quanto as motos, adotavam a mesma política. Os *cyclos* — riquixás empurrados por uma bicicleta — transportavam os passageiros com menos pressa. Em meio ao trânsito, os pedestres. Com seus chapéus cônicos, andavam arqueados sob o peso das varas atravessadas nos ombros, de onde pendiam cestas com produtos trazidos do interior para vender na cidade, nas inúmeras feiras espalhadas pelas ruas centrais.

As mulheres usavam um conjunto de calça comprida e blusa cuja padronagem me lembrava os pijamas de pelúcia que meus pais vestiam quando morávamos no interior. Poucas trajavam *ao dai*, a tradicional roupa vietnamita: uma bata que descia até os tornozelos, aberta nos lados da cintura para baixo, com as mangas compridas e sem colarinho. Embaixo, calças compridas e largas. Quase todas cobriam o rosto com uma máscara de pano.

— Será que elas usam essas máscaras por causa da poluição? — comentei com Ferreira.

— Acho que não. Deve ter algum significado.

Os passeios públicos, por mais estreitos que fossem, estavam repletos de vendedores. As casas, mais parecendo garagens, serviam de moradia: enormes famílias, diversas pessoas dividindo um mesmo cômodo, e uma loja. Pequenas, prolongavam-se na rua, caixas de mercadorias disputando espaço com os transeuntes. Aqui e ali, minúsculos restaurantes preparavam comida em grandes fogareiros, dos quais precisávamos desviar à medida que caminhávamos pela calçada.

Iniciamos a visita ao centro histórico de Hanói pelo templo Bach Ma, o mais antigo da capital, construído pelo rei Ly Thai To para homenagear seu cavalo branco. O animal o havia conduzido aos locais onde deveriam ser levantadas as muralhas da antiga cidade. Havia uma enorme estátua do cavalo dentro do templo, como mandava a tradição.

O budismo havia se mesclado com o taoísmo, com as crenças animistas e com o antigo costume popular de adoração aos antepassados, gerando uma tradição religiosa muito rica. Os templos eram dedicados à memória dos heróis nacionais: generais, mandarins, políticos e até bichos de estimação. Os pagodes eram locais de oração, onde os fiéis rezavam e faziam suas oferendas às divindades.

— Em breve — comentamos —, este país estará cheio de templos dedicados a Hô Chí Minh.

Uma garota nos abordou, vendia livros; entre eles, um exemplar do *Lonely Planet* sobre o Vietnã. Havia procurado esse guia no Brasil, na Europa e no aeroporto em Hanói, em vão. Ela oferecia muitos outros livros, colocados um em cima do outro e amarrados com um barbante. Paulo Coelho estava entre eles. Como suportava carregar tanto peso? Parecia uma criança, mas aos poucos fui me dando conta de que as mulheres vietnamitas, com suas feições delicadas, passavam uma falsa impressão juvenil.

Apesar do bom acabamento, bastou-me dar uma folheada no guia para ver que se tratava de algo pirateado, uma cópia xerocada, colorida. Os mapas, com os traços mais finos, denunciavam a irregularidade.

— É uma cópia — exclamei.

— Sim, mas das boas.

Ela riu. Fez um desconto, acabei comprando. Era muito barato, pretendia trazê-lo como souvenir, ou encaminhá-lo à editora, na Austrália. Na mesma tarde descobri outro exemplar, na loja de um dos museus da cidade, pela metade do preço. E foi só: não encontrei uma edição original em nenhuma livraria, por mais que procurasse.

Influência chinesa

Fomos conhecer uma casa típica, hoje museu. Construída em estilo chinês, ocupada nos velhos tempos por uma família nobre e recentemente restaurada, ela nos dava a exata ideia da influência da China sobre o Vietnã.

O delta do rio Vermelho era habitado pelos vietnamitas, um dos povos mongólicos que viviam na região, desde o período neolítico. A agricultura no local data de 7 mil a.C., uma das mais antigas do mundo. Por volta de 2 mil a.C. eles entraram na Idade do Bronze, tornando-se os principais mercadores da região.

No fim do século III a.C., um chefe tribal, de um grupo etnolinguístico que representava o primeiro antecedente da nacionalidade vietnamita, construiu o reino de Nam Viêt no delta do rio Vermelho, onde está situada a moderna cidade de Hanói.

Em 111 a.C., o exército chinês invadiu o reino e o integrou ao império da dinastia Han. Os governantes enviaram agricultores para colonizar as terras conquistadas e administradores para substituir a nobreza local. As instituições políticas seguiam o modelo chinês, e o confucionismo, o taoísmo e o budismo foram introduzidos na região, que se tornou importante entreposto comercial entre a China e a Índia.

Apesar das constantes rebeliões populares, o domínio chinês durou mil anos, caracterizado pela tirania, trabalhos forçados e cobrança de altos impostos. No ano 679 da presente era os chineses chegaram a mudar o nome do país de Vietnã para Annam, que significava Sul Pacificado. A cultura vietnamita, apesar de ser tão antiga quanto a chinesa e ter se originado de forma independente, tem muito da China devido a esse grande período de ocupação.

Apenas em 938 os vietnamitas conseguiram expulsar os chineses definitivamente, conquistando a independência. Desde então, a China considera o Vietnã uma província rebelde. O sonho da gerontocracia, em Pequim, sempre foi o de transformar o país num Tibete, que até hoje está militarmente ocupado pelo exército chinês.

Em 1010, o imperador Ly Thaí To — aquele do cavalo branco — fez da cidadela, onde morava, capital nacional, chamada Thang Long (cidade do dragão arrojado). Em 2010, grandes comemorações estão previstas para festejar os mil anos da fundação de Hanói.

Sob as dinastias Ly e Trân (1225-1400), o Vietnã se transformou numa potência militar no Sudeste Asiático. Quando o Império Mongol conquistou a China, os exércitos de Kublai Khan, formados por 500 mil soldados, atacaram o Vietnã. Até então invencíveis, foram derrotados pelo legendário general Trân Hùng Dao na batalha do rio Bach Dang, uma das maiores glórias na história do pequeno país.

A façanha foi curiosa.

Durante a noite, estacas de madeira com uma das pontas afiada, foram colocadas verticalmente no rio, perto da margem onde estavam os vietnamitas. Com a maré alta, Trân Hùng Dao enviou pequenos barcos, que facilmente passaram entre as estacas, com a missão de provocar os navios mongóis. A diferença de tamanho entre os dois exércitos era muito grande, o inimigo parecia uma presa fácil para os homens de Kublai Khan.

Quando os barcos mongóis se aproximavam da margem do rio, a maré baixou e eles ficaram presos nas estacas, no seco. Uma saraivada de flechas caiu sobre os mongóis, aniquilando o poderoso exército. Desde então, toda cidade tem uma rua chamada Trân Hùng Dao. Se essa cidade for cortada por um rio, a rua paralela se chama Bach Dang.

Em 1407, o Vietnã foi novamente conquistado pelo exército chinês. Os invasores destruíram os arquivos nacionais e levaram seus intelectuais para a China, uma perda irreparável para a civilização vietnamita. Governaram com tirania, impondo o trabalho escravo e pesados impostos. Um movimento de resistência, comandado por Lê Loi, os expulsou da região 21 anos depois e restaurou a independência. Lê Loi, ainda hoje um dos maiores heróis nacionais, tornou-se o primeiro imperador da dinastia Le, que reinou até 1793.

Um governo burocrático nos moldes chineses foi estabelecido durante a dinastia Le. A partir de seu território original, no delta do rio Vermelho, o reino avançou gradualmente suas fronteiras em direção ao sul, até ocupar o delta do Mekong. O reino Cham foi anexado, bem como parte do Laos.

No século XVI, teve início a decadência.

Em 1620, o clã dos Trình chegou ao poder, cujos reis, pertencentes à dinastia Le, governavam a partir de Hanói. Em 1757 esse clã, então utilizando armamentos comprados dos portugueses, concedeu aos Nguyên, um clã rival, armado pelos holandeses, um feudo no sul, o que dividiu o Vietnã em duas zonas.

Na metade do século XVIII, os camponeses descontentes se rebelaram. Reunidos na cidade de Tay Son e liderados pelos três irmãos Nguyên, partiram para o ataque. Em menos de uma década tomaram o controle do centro do Vietnã, que passou a ser governado por um dos irmãos: Nguyên Nhac. No sul, outro irmão, Nguyên Lu, derrotou os Nguyêns, antigos senhores de Saigon, e se proclamou rei. No norte, o terceiro irmão, Nguyên Hue, derrotou os Trình em Hanói e se proclamou rei Quang Trung. Numa batalha heroica, seu exército rechaçou nova invasão da China.

O território do Vietnã estava dividido em três reinos.

Em Saigon, com a ajuda dos franceses, o general Nguyên Anh — único sobrevivente da antiga dinastia que governava o sul — contra-atacou. Derrotou os exércitos de Nguyên Lu e tomou o poder. Aos poucos, foi avançando. Conquistou o centro e mais tarde Hanói. Proclamou-se imperador em 1802, adotando o nome de Giá Long. Para marcar sua ascensão ao poder, transformou Hanói numa capital regional, instaurou sua própria dinastia e estabeleceu a nova capital em Huê, no centro do país. Uma vez mais, o território do Vietnã estava unificado.

Além de mudar de status, Hanói mudou de nome diversas vezes ao longo dos séculos, sendo um deles Dông Kinh (capital oriental), do qual os europeus tiraram o nome Tonquim, erroneamente aplicado por eles a todo o norte do atual Vietnã. O nome Hanói (cidade na curva do rio) foi dado pelo imperador Tu Duc. Entre 1902 e 1953, serviu como a capital da Indochina, então colônia francesa.

A cidade voltou a ser unilateralmente declarada capital do Vietnã após a revolução nacionalista de 1945, liderada por Hô Chí Minh. Com o Acordo de Gênova, em 1954, pondo fim à presença francesa na Indochina — e dividindo mais uma vez o Vietnã em Vietnã do Sul e Vietnã do Norte —, Hanói se tornou capital do Vietnã do Norte. Finalmente, com a expulsão dos americanos e a reunificação do Vietnã, em 1976, Hanói voltou a ser capital nacional de todos os vietnamitas.

Lago Hoàn Kiêm

Precisávamos almoçar, um desafio e tanto. Utilizamos a velha tática: observamos um grupo de pessoas comendo numa longa mesa, em frente a um pequeno *nhà hàng*, e pedimos o mesmo — *bún cha*. Sentamos numa mesinha baixa, dentro do restaurante, e saboreamos pedaços de carne de porco assados num braseiro na calçada. Acompanhava um prato de arroz branco, sobre o qual despejamos um espesso molho com ervas, bem temperado. Comemos a carne com as mãos e o arroz papa com os pauzinhos.

— A carne estava saborosa — comentou Ferreira. — O problema é a sujeira.

— Logo vai melhorar.

— Vamos encontrar restaurantes limpos?

— Não — respondi. — Vamos nos acostumar.

Cruzamos por dentro de uma das tantas feiras de rua e saímos no lago Hoàn Kiêm, no centrão da capital. Contornamos a parte norte do enorme lago até o Monumento aos Mártires, atravessamos pela curiosa Ponte Huc, toda vermelha, construída em 1885, exclusiva para pedestres, e alcançamos uma pequena ilha arborizada, onde visitamos o Templo Ngoc Son.

Dedicado ao general Trân Hùng Dao, aquele das estacas, que derrotou os mongóis, e a La To, padroeiro dos médicos, o pequeno templo era um oásis de silêncio e tranquilidade em meio ao eletrizante centro da capital. Aproveitamos para descansar, observando a devoção dedicada aos fiéis pelos dois ancestrais, bem como a outras figuras sagradas do budismo local.

Caminhamos até a ponta sul do lago, fotografamos a Thap Rua (Torre da Tartaruga), numa pequena ilha sem acesso aos pedestres, e voltamos pelo outro lado. No meio do caminho sentamos num banco para fugir do intenso calor. Entre as avenidas que contornavam o Hoàn Kiêm e suas águas havia uma área arborizada, onde os vietnamitas se espreguiçavam nos bancos ou estirados na própria grama. Muitos, como eu, com a esperança de ver alguma das tartarugas que vivem no local, sinal de bom agouro.

Lá pela metade do século XV, os céus enviaram ao imperador Lê Thaí To uma espada mágica, utilizada para expulsar os teimosos chineses, que mais uma vez haviam invadido o Vietnã. Após a guerra, enquanto passeava nas margens do lago, o soberano avistou uma tartaruga gigante, toda de ouro, que nadava em sua direção. Ao se aproximar, o animal sacou a espada da cintura do imperador e rapidamente mergulhou nas águas profundas. Desde então, o lago passou a ser conhecido como Hô Hoàn Kiêm (lago da espada devolvida), pois a tartaruga a levou aos divinos donos.

Em 1968, foi encontrada morta, às margens do lago, uma tartaruga pesando 250 quilos e medindo 2,10 metros de comprimento. Em 2000, outra tartaruga gigante foi vista e fotografada no local. Ninguém sabe quantas tartarugas ainda vivem no lago, ou como elas sobreviveram ao caos urbano que o cerca. Alguns afirmam que elas são descendentes da tartaruga dourada encontrada por Lê Thaí To; outros, que a história não passa de lenda.

Escorado numa árvore, fiquei observando atentamente as águas do Hoàn Kiêm. Certas coisas só acontecem para mim, e tinha certeza de que veria uma tartaruga naquelas águas, e nem demorou.

— Olha lá — gritei para o Ferreira.

— O que foi?

— Acabei de ver uma tartaruga colocar a cabeça para fora, lá no meio do lago.

— Legal — ele se limitou a dizer.

Acho que meu amigo não acreditou, mas não fazia mal. Tinha visto a tartaruga, e isso me bastava: significava boa sorte. A partir daquele dia, apesar de todas as peripécias que enfrentaríamos, a viagem pelo Vietnã ficou mais tranquila.

Voltamos ao hotel a passos largos, fugindo da chuva que se aproximava. O dia terminava e o trânsito superava-se: caos total. Ou quase. Carros, tuc-tucs, motos, bicicletas, *cyclos* e pedestres infestavam as esquinas sem sinaleiras nem guardas, todos ao mesmo tempo — e sem provocar um único acidente.

— Não dá para acreditar — comentamos.

À noite fomos conhecer Dông Xuan, o grande mercado de rua de Hanói. Durante o dia o trânsito entupia as avenidas, faltava espaço para tanta gente. À medida que a tarde escurecia, no entanto, os vendedores começavam a montar as barracas, e logo um gigantesco mercado estava esparramado pelo quarteirão. Vendiam de tudo, de manufaturados de alta tecnologia a produtos agrícolas, colhidos nas pequenas granjas familiares nos arredores da capital.

Nada pretendíamos comprar, para tristeza dos espertos comerciantes; apenas jantar. Encontramos as barracas de alimentação e entramos num corpo a corpo com os atendentes — cada qual desejava que sentássemos em seu quiosque. Depois de muita confusão, comemos *pho gà*. A sopa de espaguete de arroz veio com pedacinhos de galinha fritos, uma delícia. Bebemos alguns copos de Bia Hoi morna. Por mais que insistíssemos, não conseguimos que nos servissem a cerveja gelada.

Hô Chí Minh

Aos poucos nos acostumávamos com a culinária, descobríamos suas características e sabores. Em sua maioria os pratos eram temperados com *nuoc mam* (molho extraído de peixe salgado, fermentado num vaso de barro por até um ano) e servidos cobertos por ervas aromáticas. Ficavam saborosos, bonitos e com cheiros agradáveis.

O prato mais comum encontrado em Hanói foi o *pho bò* (sopa de espaguete de arroz com pequenas fatias de carne de boi), saboreado a qualquer hora do dia, mas especialmente no desjejum. Enquanto comíamos, tentávamos identificar os ingredientes:

— Sabor de molho de peixe, chili, pimenta branca, gengibre, sal, erva-doce, canela, pimenta-do-reino...

— Guarnecido com cebola fatiada, pedaços de limão, folhas de coentro e de manjericão, ramos de cidreira...

Feito o desjejum, pegamos dois mototáxis e fomos conhecer o complexo Hô Chí Minh. Andar pelas ruas de Hanói sobre uma moto dirigida por um motoqueiro alucinado, em meio ao trânsito mais alucinado do mundo, foi uma experiência alucinante. Descemos com as pernas bambas e o coração aos saltos. Os braços estavam amolecidos e as buzinas ainda ressoavam em nossos ouvidos.

— Mais perigoso que desviar das motos é andar sobre uma delas — comentei com Ferreira.

— O cara quase me matou.

Refeitos do susto, entramos no imenso parque, a maior atração moderna da capital vietnamita, um quarteirão inteiro repleto de praças, lagos, monumentos, palácios, casas, museus, templos, pagodes e memoriais em homenagem ao grande líder. Havíamos reservado um dia para visitar o complexo, e talvez não fosse suficiente.

O mausoléu abria para visitação pública apenas durante parte da manhã. No verão, entre abril e outubro, das 7h30 às 10h30; no inverno, entre novembro e março, das 8h às 11h. Em volta dele, protegidos por soldados em uniformes de gala e sob imensas bandeiras vermelhas com a estrela amarela no meio, os pátios estavam repletos de peregrinos vindos de todas as partes cultuar o espírito do "tio Ho". Era bonito ver a multidão em transe, mas estávamos interessados no aspecto histórico.

Os movimentos pela autonomia das nações asiáticas surgiram apenas na II Guerra Mundial, quando o Japão invadiu a Indochina e mexeu com os sentimentos nacionalistas dos povos da região. As guerras de libertação começaram no Vietnã, dirigidas pelo Viet Minh, movimento fundado em 1941 pelo líder comunista Hô Chí Minh, personagem lendário para os militantes de esquerda de todo o mundo.

Depois de morar em Londres e trabalhar como garçom no Rio de Janeiro, Hô Chí Minh se mudou para a França. Em Paris ajudou a fundar o Partido Comunista Francês. Em 1923, transferiu-se para Moscou, ingressando no Comintern, braço internacional do Partido Comunista da União Soviética. Designado para atuar na China, acabou preso pelo governo de Chiang Kaishek. Libertado, transferiu-se para a Tailândia, para dirigir o movimento anti-imperialista da Indochina. Expulso, seguiu para Hong Kong, sendo preso pelos britânicos. Fugiu para fundar o Viet Minh.

Apesar do calor, entramos na longa fila vestindo calças compridas e camisas com manga longa; assim mandava o protocolo da visita ao mausoléu onde estava o corpo embalsamado do general. O sol estava terrível, suávamos em bicas, mas o clima expresso nas faces das pessoas era de absoluto encantamento.

Uma hora depois, no mais absoluto silêncio, sem poder sequer colocar as mãos nos bolsos, e observados por uma coluna de guardas, ingressamos no prédio, uma portentosa construção de mármore. O edifício mede 21,60 metros de altura por 41,20 de largura. Sobre uma base piramidal nos dois lados, formada por sete plataformas, estão as altas colunas que sustentam o teto, formando um grande pórtico. O sarcófago fica no térreo.

Junto com os vietnamitas, passamos em frente ao corpo sem diminuir o passo. Todos queriam vê-lo. A imagem, um pouco tétrica, do homem magro, baixo e com a barba comprida e rala, deitado no caixão de vidro, era desconcertante. Deveriam tê-lo cremado, era o desejo dele.

Um folder escrito em vietnamita, chinês e inglês, distribuído aos visitantes quando compramos os ingressos (sim, no Vietnã eles cobram até para homenagearmos tio Hô), explicava que "o mausoléu do presidente Hô Chí Minh é um trabalho arquitetônico de grande significado político e ideológico, expressando o profundo sentimento do povo vietnamita pelo presidente, amavelmente chamado tio Hô".

Tinha mais: "Neste local, os vietnamitas, geração após geração, têm vindo homenagear e mostrar gratidão ao presidente Hô Chí Minh e expressar sua determinação em seguir os caminhos revolucionários que ele abriu para construir um Vietnã pacífico, unido, democrático e próspero."

Sobre a beleza artística do mausoléu, o folder explicava que "o *design* arquitetônico foi baseado nos princípios da identidade nacional combinados com a modernidade e impregnado pela solene simplicidade dos elementos vietnamitas".

Localizado no centro da praça Ba Dình, no histórico local onde Hô Chí Minh leu a declaração de independência em 1945, após o final da II Guerra Mundial, o prédio começou a ser construído em 1973 e foi inaugurado em 1975. Em frente ao mausoléu tremula uma bandeira na ponta de um mastro com 25 metros de altura. O gramado da praça é dividido em 240 canteiros separados por caminhos com 1,4 metro de largura. O local é arborizado com 246 espécies de plantas originárias de diferentes regiões do país.

Saímos novamente nos jardins, onde está o imponente Palácio Presidencial. Construído pelos franceses em 1906, para servir de sede ao Governo Geral da Indochina, foi magnificamente restaurado pelo governo vietnamita. O prédio abre apenas para cerimônias oficiais Infelizmente, não pudemos ver o interior.

Ainda na área do Palácio Presidencial visitamos a casa de alvenaria onde Hô Chí Minh morou entre 1954 e 1958 e uma pequena casa de madeira, construída sobre pilotis, onde ele morou entre 1958 e 1969, quando morreu. Ambas eram espartanamente mobiliadas; apenas uma cama, uma mesa de trabalho com um telefone e uma mesinha para as refeições. A história oficial atesta que ele se mudou para a casa mais simples, no auge do poder, para demonstrar sua humildade ao povo vietnamita.

— Não acredito nem em uma coisa nem em outra — comentei com Ferreira.

— Aqui não seria seguro.

Como não poderia deixar de ser, visitamos também o imponente museu Hô Chí Minh, um enorme prédio branco todo embandeirado construído em forma de flor de lótus. Segundo o folder que recebemos junto com os ingressos, ele foi construído de acordo com o desejo do povo vietnamita. O objetivo era mostrar a profunda gratidão do povo aos méritos do presidente e expressar sua determinação em estudar e seguir seu pensamento, sua moral e seu estilo, reunindo esforços para construir um Vietnã pacífico, unido, independente, democrático e próspero, em harmonia com os outros povos do mundo.

A maior parte do acervo é de cartazes com frases do presidente. Escritas numa linguagem de fácil assimilação, convocam o povo para lutar por seus ideais de maneira ética e responsável. Hô Chí Minh escreveu que a revolução era como uma árvore e que a moralidade e a retidão pessoal eram as raízes dessa árvore. Sem esses valores, nenhuma revolução se sustentaria.

Antes de sair do parque, no final do dia, fomos conhecer o pagode de um só pilar, um dos símbolos de Hanói, construído em 1049 pelo imperador Ly Thaí Tong. Em 1954, um dos últimos atos de vandalismo dos franceses, ao abandonarem a colônia, foi destruir o prédio de madeira construído em volta de um único pilar de pedra. Livres dos franceses, os vietnamitas o reconstruíram a partir do material original.

Gremistas em Hanói

Ao voltarmos para o hotel encontramos um rapaz com a camiseta do Grêmio acessando a Internet. Ferreira o viu e me chamou a atenção.

— Gremista? — perguntei.

— Gremista — respondeu o sujeito, meio no susto.

— Você é de Porto Alegre?

— Sim, eu e a Taís — disse ele, indicando a moça ao lado.

Feita as apresentações, descobrimos que Gustavo e Taís eram de Taquara e Igrejinha, duas cidades nos arredores de Porto Alegre. Moravam na Nova Zelândia, onde trabalhavam, e estavam de férias na Ásia. Tinham visitado alguns países e passariam em mais outros antes de voltarem à Nova Zelândia.

— Coincidência, heim? — comentei.

— Sim — ele respondeu.

— Mas por pouco — emendou Taís.

— Como assim?

— Tínhamos feito reserva neste hotel, mas ontem, quando chegamos, já de noite, acabaram nos levando para outro hotel.

— Haviam me dito que por aqui até os hotéis são pirateados — falei.

— Pois é — disse Gustavo. — Não sabíamos dessas coisas e acabamos passando um sufoco.

Perguntei como exatamente a história havia ocorrido e Taís me passou, mais tarde, uma cópia do que havia escrito em seu diário:

"Enfim, chegamos ao aeroporto de Hanói depois de uma longa viagem: foram 12 horas de trem de Chiang Mai, norte da Tailândia, até Bangcoc; oito horas de espera no aeroporto e mais outras três horas de avião até a capital do Vietnã.

Cansados, fomos pegar nosso visto, mais 30 minutos de espera. Depois de tudo fomos atrás do pessoal do hotel que ficou de nos pegar.

Chegamos na frente do aeroporto e não vimos ninguém com a tão esperada plaquinha "Taís and Gustavo". Bem, nada de desespero.

Gustavo resolveu trocar dinheiro para chegarmos em Hanói e comermos algo, isso já quase 23 horas. Fiquei esperando na frente para o caso de alguém aparecer.

Então um cara veio e perguntou: "Você está esperando alguém?" Respondi que sim. O cara disse: "Tinha um rapaz aqui, acho que estava aguardando alguém. Talvez seja você. Como é seu nome?" Eu disse: "Gustavo e Taís." Ele respondeu: "Esse mesmo. Vou ligar para ele." Concordei.

Quando o Gustavo veio, me aparecem dois caras procurando por nós. Um com a tal plaquinha e outro com o cartão do hotel. Perguntei quem iria nos levar e disseram que eram eles. Eu e Gustavo nos olhamos, preocupados. Fomos conversar com o cara da plaquinha e ele, quase chorando e xingando o outro na língua deles, não respondia nada. Então fomos com o outro.

Entrando no carro, começou a bater o pavor. Não sabíamos se tínhamos feito a coisa certa, mas o da plaquinha nem falou com a gente... bem, vamos lá, né?

No caminho o cara conversava com outro menino que estava com ele, na língua deles, e eu e Gustavo falávamos em português. Começou a dar um pavor. Quase chorando, eu tinha vontade de dizer: "Ei, para o carro, quero descer." Respirava fundo e tremia, e o Gustavo me pedia calma. E eu cada vez mais apavorada. Entrávamos numa rua, outra, e outra, e não chegávamos nunca. Depois de uma hora chegamos. Quando ele parou o carro eu só queria descer e sair correndo. Descemos, pegamos nossas coisas e o cara pediu o dinheiro. Achei estranho.

Fui ao hotel perguntar e o recepcionista disse: "Sim, pague-lhe." Pagamos uma fortuna. Naquela hora, cansados, desesperados e chovendo, nem olhamos se era mesmo o hotel que havíamos reservado. O cara mostrou o quarto, conferiu o preço e fomos dormir, mesmo sem comer nada.

Obs.: Chegando no quarto, vi que a chave tinha o nome de outro hotel. Mas isso no Vietnã é normal. No dia seguinte acordamos, descemos e fomos perguntar onde podíamos tomar café. Tínhamos um mapa na mão, queríamos nos localizar. O cara nos mostrou outra rua, bem diferente da em que supostamente deveríamos estar.

Achamos estranho. Falamos com ele de novo e ele explicou de um jeito bem diferente, e não queria mostrar de novo no mapa. Começou a oferecer pacotes para a baía Hà Long por um preço absurdo. Dissemos que iríamos sair para comer. Queríamos aproveitar e ver os preços desse pacote, pois pretendíamos visitar o lugar assim que pudéssemos. Arrumamos uma desculpa para voltar ao quarto, fugindo assim da insistência do cara.

Quando saímos para a rua algo me disse: "Olhe para cima e veja a fachada do hotel." Quando olhei, percebi que o nome era diferente. Fiquei apavorada e falei para o Gustavo: "Meu deus, estamos no hotel errado." Ficamos apavorados. Não sabíamos o que fazer. Pensamos em voltar para o quarto e pegar nossas coisas, pois temíamos que já as tivessem roubado.

Voltamos ao hotel, arrumamos nossas mochilas, descemos à recepção e dissemos que iríamos sair. E o cara: "Como?" "Sim, vamos embora." Então ele começou a fazer um monte de perguntas. Pedimos a conta e ele disse que eram 35 dólares para cada um de nós. No dia anterior ele havia dito 35 dólares o quarto.

Começamos a discutir, dizendo que não iríamos pagar. A nossa sorte foi que tínhamos dólares americanos e ele não tinha troco. Pagamos o combinado e saímos correndo. Pegamos um táxi, demos o endereço da reserva e então fomos para o verdadeiro hotel: City Gate Hotel.

Chegando, explicamos ao proprietário o que havia ocorrido e ele falou que o táxi que ele mandou nos pegar no aeroporto, na noite anterior, tinha ligado várias vezes avisando que não nos encontrara. Por fim, explicou que isso era normal, os piratas costumeiramente roubavam seus clientes.

Sãos e salvos, comemos, tomamos banho e fomos escrever um e-mail. Foi quando, por causa da camiseta do timão, Grêmio, conhecemos o Airton Ortiz, de quem já havíamos ouvido falar. Bem, essa história escrevo mais tarde."

Museu Prisão Hóa Lò

Entre os lugares que desejávamos visitar estava o museu Hóa Lò, mantido em uma pequena parte do que fora uma enorme prisão. Alguns pavilhões haviam sido destruídos para a construção de altas torres residenciais, mas a área preservada e restaurada em 1997 dava uma boa ideia de dois momentos importantes para o Vietnã: a ocupação francesa, época em que o presídio era utilizado para trancafiar os vietnamitas que lutavam pela independência do país, e a ocupação americana, época em que a prisão foi, ironicamente, utilizada pelos vietnamitas para manter os prisioneiros de guerra americanos.

O complexo prisional de Hóa Lò foi construído pelos franceses em 1896. Tinha espaço para 450 pessoas. No auge da repressão contra os movimentos de independência, em 1930, os franceses chegaram a internar 2000 vietnamitas.

Ainda era possível visitar o salão com a guilhotina utilizada para executar os líderes nacionalistas. As celas mostravam, com imagens em tamanho natural, a forma desumana como os nativos eram mantidos presos, em solitárias ou em salões coletivos, amarrados pelos pés e mãos. Alguns definhavam até a morte, tudo em nome da civilização europeia. Havia também celas transformadas em salas de exposição. Mostravam fotos dos vietnamitas sendo presos, julgados e guilhotinados. Mesmo se tratando de um museu de caráter panfletário, o cenário era de arrepiar.

Mais tarde, durante a guerra com os Estados Unidos, a prisão, então administrada pelos camaradas de Hô Chí Minh, serviu para encarcerar os militares inimigos. Conhecida pelos soldados americanos como o "Hilton de Hanói", chegou a "hospedar" 300 presos. Um documento distribuído aos visitantes informava que "entre 5 de agosto de 1964 e 31 de março de 1973 ela também foi usada para deter pilotos americanos cujos aviões haviam sido derrubados sobre Hanói quando estavam bombardeando ou atacando o povo do Vietnã do Norte".

Havia um pavilhão dedicado às lembranças, neste caso não do sofrimento do povo vietnamita, mas do orgulho nacional pela quantidade de prisioneiros feitos durante a Guerra Americana.

Guerra Americana?

Acompanhei a Guerra do Vietnã, assim como todos de minha geração, pelas agências de notícias americanas, replicadas por nossos jornais e revistas. Os jornalistas brasileiros no Sudeste Asiático nesse período eram poucos, e mesmo assim trabalhavam apenas nos territórios ocupados pelos Estados Unidos. Ainda hoje, quando lemos algum livro sobre o conflito, o relato vem impregnado da visão americana, o mesmo acontecendo com o cinema.

Um dos principais motivos de minha viagem ao país era conhecer "o outro lado da Guerra do Vietnã", o que não demorou a acontecer.

Um pouco surpreso, descobri a primeira novidade: o que aprendemos a chamar de Guerra do Vietnã eles denominam de... Guerra Americana. Os motivos da tal guerra, vistos pelo lado vietnamita, também me pareceram um pouco diferentes dos que me haviam sido ensinados. Para eles — soldados e população, pelo menos —, nunca se tratou de uma guerra ideológica entre comunistas e capitalistas, entre soviéticos e americanos, uma peça da Guerra Fria, mas de uma guerra de libertação. Libertação do território vietnamita da invasão de uma potência colonialista estrangeira. E disso eles entendiam muito bem.

VIETNÃ PÓS-GUERRA

Entre os 300 presos em Hóa Lò estiveram os aviadores Pete Peterson, que em 1995 se tornou o primeiro embaixador dos Estados Unidos no Vietnã, e o atual senador John McCain, candidato à presidência dos Estados Unidos derrotado por Barack Obama em 2008.

A cela onde John McCain permaneceu durante cinco anos estava preservada como ele a havia deixado quando foi trocado por outros prisioneiros vietnamitas no final da guerra. As fardas com as quais foi preso, quando seu caça F4-Skyhawk foi abatido durante um ataque a Hanói, estavam intactas. Fotografias mostravam o momento em que o militar foi retirado das águas, no lago onde saltara, por civis vietnamitas. Com um braço e uma perna quebrados, não fosse o resgate ele teria morrido afogado.

Em 2000, durante as comemorações dos 25 anos da Reunificação, John McCain voltou ao Vietnã. Visitou em Hanói a antiga cela e as margens do lago onde caiu. Contou ter passado três anos na solitária e que tentara suicidar-se duas vezes, impedido pelos guardas. Disse não ter rancor e que sua nova luta era pela reaproximação dos Estados Unidos e do Vietnã.

Em 30 de outubro de 2008, às vésperas da eleição presidencial nos Estados Unidos, Nguyên Thi Thana, a enfermeira que tratou de John McCain, aposentada e com 81 anos de idade, contou em entrevista ao site da BBC de Londres como salvou o senador:

"Perto das 9h do dia 26 de outubro, as sirenes tocaram alertando o povo para que se dirigisse rapidamente aos abrigos porque aviões americanos vinham em direção a Hanói. Meia hora depois de os aviões terem ido embora, ouvi pessoas gritando que um piloto inimigo havia caído no lago Truc Bach. Então o levaram até mim. Eu não sabia quem era, mas obviamente não era um vietnamita. Não era grande nem pesado, era pálido e elegante."

"Minha responsabilidade era cuidar dos meus compatriotas, mas Hô Chí Minh havia dito ao povo para mostrar compaixão e salvar os inimigos. Então, disse a mim mesma que precisava cumprir meu dever.

Ele estava muito pálido, seus olhos estavam fechados e ele não ouvia nada. Eu mesma não sabia se havia alguma esperança. Mas senti o pulso, e quando dei-lhe um xarope, ele reagiu."

"Ele não estava sangrando nem muito ferido. Permaneceu comigo por cerca de 20 minutos até o levarem. No final da tarde, quando deixei a clínica, um senhor se aproximou de mim e me recriminou por ter ajudado um inimigo. Respondi que apenas tinha feito o que Hô Chí Minh pedira para fazermos."

Apenas vinte anos mais tarde, num encontro em Hanói, ela descobriu que o homem que ajudara a salvar se tornara um político importante nos Estados Unidos.

O começo da pilhagem

A influência europeia no Vietnã iniciou-se no século XVI, com a chegada dos navegadores portugueses ao porto de Dà Nang, na costa central do país. Abarrotados de missionários e mercadores, os navios lusitanos não pararam mais de aportar. Fundaram um entreposto comercial em Hôi An, ao sul de Dà Nang, de onde comerciavam com vietnamitas, chineses e japoneses.

Um dos mais brilhantes missionários jesuítas desembarcados no Vietnã foi o padre francês Alexandre de Rhodes. Ele publicou o primeiro dicionário Português-Latino-Vietnamita, mais tarde utilizado pelos estudiosos para criar o sistema de escrita do país, em grande parte usando o alfabeto latino — ainda hoje adotado —, chamado Quôc Ngu (língua nacional).

Os nomes próprios constantes neste livro procuram reproduzir, sempre que possível, a grafia original. Exceção para as palavras aportuguesadas — Vietnã (*Việt Nam*), vietcongue (*Việt Công*), Hanói (*Hà Nội*), Saigon (*Sài Gòn*) e tantas outras — ou quando elas têm mais de um acento na mesma letra, algo muito comum. Nesse caso, procurei manter o acento determinante na pronúncia da sílaba. Pródiga em acentuações, a Quôc Ngu têm acentos que não constam em nosso alfabeto; outros soam curiosos, como um míni "?", sem o pingo embaixo, em cima de uma letra. Outros, como "~" em cima do "i" meu processador de texto se nega a escrever. Essas palavras ficaram sem o acento.

Alexandre de Rhodes foi expulso em 1630 porque o rei Trình Trang ficou preocupado com a ascensão da religião católica. Viajou para Macau, onde passou dez anos. Retornou ao Vietnã, estabelecendo-se no centro do país, onde passou seis anos, até ser condenado à morte. Com a pena reduzida a exílio, regressou a Roma. Foi enviado à Pérsia, onde morreu em 1660.

O imperador Giá Long, após reunificar o Vietnã em 1802, reintroduziu o confucionismo, esforço extra para consolidar sua precária posição política. A elite conservadora apreciava o senso de ordem familiar difundido por Confúcio, paradigma desrespeitado pelas últimas rebeliões que haviam fracionado a nação.

O filho de Giá Long, o imperador Minh Mang, tornou-se profundamente hostil ao catolicismo, considerado uma afronta às tradições confucionistas, e passou a perseguir os frades. A antipatia foi estendida a todos os europeus, independentemente da religião.

Na metade do século XIX, os franceses, havia tempos no Vietnã, iniciaram a conquista militar do país. Em 1847, a marinha bombardeou o porto de Dà Nang em retaliação ao fim das missões católicas na península. Em 1859, Saigon foi conquistada. As expedições enviadas para proteger as missões francesas ocuparam toda a Indochina. Em 1862, o imperador Tu Duc assinou um tratado que dava à França as três províncias orientais da Cochinchina.

Poucas semanas após a morte de Tu Duc a França atacou Huê e impôs um tratado que transformava o Vietnã num protetorado. Começou então a era dos imperadores-fantoches, governando a serviço de Paris. Os franceses bombardearam Hanói, destruindo grande parte da cidade. Em 1887, toda a Indochina estava sob domínio colonial da França. O Vietnã precisou devolver os territórios conquistados junto ao Laos e ao Camboja, e perdeu a identidade como nação, sendo considerado apenas uma província da Indochina francesa.

Os governantes franceses impuseram pesados impostos e os trabalhadores passaram a ser mão de obra praticamente escrava. Entre 1917 e 1944, dos 45 mil trabalhadores nas plantações de seringueiras da Michelin, 12 mil morreram de doenças e subnutrição.

A antiga organização do Estado vietnamita foi destruída e substituída pela burocracia francesa. A política colonial favoreceu apenas os burgueses europeus e uma elite de vietnamitas ricos, sacrificando de forma extraordinária a população. Se antes do domínio francês a maioria do povo era alfabetizado, em 1939 essa proporção caíra para 15%. Essas injustiças sociais desencadearam os movimentos nacionalistas liderados por Hô Chí Minh.

Em 1940, durante a II Guerra Mundial, os japoneses ocuparam o Vietnã, ainda colônia francesa. A requisição de arroz pelas tropas japonesas, as frequentes inundações e os rompimentos de muitos diques trouxeram uma época de fome, provocando a morte de dois milhões de civis em uma nação com então dez milhões de habitantes. Os únicos opositores aos franceses — na França sob o domínio da Alemanha — e aos japoneses eram os comunistas, liderados por Hô Chí Minh e Vo Nguyên Giap.

Eles organizaram a Frente Viet Minh (Liga para a Independência do Vietnã) com a ajuda dos Estados Unidos, dos quais recebiam armas e dinheiro através do US Office of Strategic Services (OSS, atual CIA). Com o final da guerra, aproveitando-se do vácuo de poder na região, o exército Viet Minh declarou unilateralmente a independência da república e estabeleceu o governo em Hanói. O Viet Minh, presidido por Hô Chí Minh e tendo como ministro da Defesa o general Vo Nguyên Giap, passou a controlar o norte do país, e o imperador Bao Dài, colocado no poder pelos franceses em 1925, na época com 12 anos e estudando em Paris, precisou abdicar.

Na Conferência de Potsdam, realizada na Alemanha em agosto de 1945 para estabelecer a ordem no pós-guerra, entre os assuntos relacionados a tratados de paz os Aliados decidiram, numa nota de pé de página, que, por razões políticas, no Vietnã, os japoneses ao norte do Paralelo 16 se renderiam à China de Chiang Kaishek, e ao sul se renderiam à Grã-Bretanha.

Em setembro, o general francês Jacques Philippe Leclerc desembarcou em Saigon e foi logo anunciando: "O fim da guerra trouxe libertação para a França, mas não para suas colônias." A ação dos chineses, no norte, foi pior. Tanto que os próprios vietnamitas, inimigos milenares dos chineses, auxiliaram os franceses a expulsá-los do país. Apesar da cooperação tática entre franceses e o Viet Minh, suas políticas eram inconciliáveis: os europeus pretendiam restabelecer o regime colonial na Indochina; Hô Chí Minh exigia independência total da região.

A França inventou um governo fantoche, recolocando no poder o antigo imperador Bao Dài. As seguidas revoltas populares, reprimidas com o bombardeio das cidades por navios de guerra franceses, especialmente em Hanói e Hai Phòng, causando a morte de milhares de civis, acabaram com a paciência de Hô Chí Minh, desencadeando a Guerra da Indochina, que durou quase oito anos.

Diante da arrogância francesa, Hô Chí Minh advertiu um dos generais: "Você pode matar dez de meus homens para cada um dos seus que eu matar; mesmo assim você perderá e eu vencerei."

Os vietnamitas se retiraram para as montanhas e retomaram as guerrilhas. No começo da década de 1950, os franceses, apoiados com armas e dinheiro pelos Estados Unidos, que temiam o avanço comunista na península, estavam na defensiva.

Guerra da Indochina

No dia seguinte, continuamos nosso périplo visitando os locais interessantes da cidade. Não tinha como escapar, a história do Vietnã era uma sequência de guerras e mais guerras, e eles pareciam adorar essa tradição. Resolvemos visitar o Museu da História Militar, em frente ao Parque Lênin, alcançado após uma longa caminhada que nos consumiu toda a manhã.

Almoçamos num restaurante ao lado do museu, sob as árvores de um belo pátio. Havia muitos visitantes estrangeiros, e o cardápio, para nossa decepção, nada tinha da culinária vietnamita. Aproveitamos para comer algo mais leve e tomar suco, muito suco. Fazia calor e a sombra estava agradável, pedia um descanso.

A entrada do museu, repleta de aviões, helicópteros e tanques capturados pelos vietnamitas junto aos franceses, russos, chineses e americanos durante tantas guerras, instigava nossa curiosidade. Espantamos o cansaço, compramos os ingressos e fomos tocar nas máquinas de guerra vistas em tantos filmes.

As peças centrais da exposição eram um caça MiG-21, de fabricação soviética, um caça US F-111 e alguns helicópteros, todos intactos. Entre eles, centenas de peças da artilharia francesa capturadas na batalha de Diên Biên Phú. Muitas armas haviam sido fundidas e, juntas, formavam uma escultura de ferros retorcidos. Dentro do prédio, armas utilizadas no território vietnamita desde os primeiros colonizadores até os dias atuais

Impressionava o grande número de cartazes, trazidos de todas as partes do mundo, conclamando o povo para as manifestações populares pelo fim da guerra no Vietnã, especialmente contra a presença americana no país. As paredes, algumas externas, estavam cobertas com essas relíquias pacifistas, embora as placas explicativas informassem, distorcendo a realidade, que as manifestações eram em apoio ao Vietnã do Norte.

Uma maquete em grande escala, ocupando uma enorme sala dentro do museu, mostrava, numa animação com bicos de luzes acendendo e apagando à medida que as batalhas eram travadas, a luta contra os franceses em Diên Biên Phú. Um grupo de escolares, com idade em torno de dez anos, liderado por professores, acompanhava atentamente o avanço das tropas vietnamitas, mostrado num vídeo projetado na parede acima do campo de batalha virtual.

Batalha de Diên Biên Phú

Em 1954, O Viet Minh controlava a maior parte do Vietnã e grande parte do Laos. No começo do ano, o comandante das forças francesas na Indochina, general Henri Navarre, pressionado pelo governo em Paris, decidiu pôr um fim à Guerra da Indochina, que se arrastava há mais de sete anos. Ele planejou um ousado lance contra a guerrilha: lançou grande parte do exército, a maioria dos soldados pertencentes à Legião Estrangeira, tropa de elite, atrás das linhas inimigas.

O local escolhido para o confronto foi o vale Muong Thanh, perto da então vila de Diên Biên Phú, uma esquina geográfica situada no noroeste da Indochina, na qual se entrecruzavam as fronteiras de Vietnã, Laos e China, área por onde passava o apoio logístico às guerrilhas do Viet Minh.

Os franceses temiam, em especial, que a guerrilha chegasse a Luang Prabang. As tropas, apoiadas por paraquedistas, rapidamente se entrincheiraram e fortificaram o terreno, formando uma poderosa base militar. Navarre supôs que os vietnamitas, ao verem os franceses na retaguarda, entrariam em pânico. Ao reagir, iriam expor-se aos canhões de longo alcance.

O francês estava enganado.

Paciente como deve ser uma raposa das selvas, o comandante do exército Viet Minh, general Vo Nguyên Giap, montou uma demorada operação de cerco contra os franceses. Milhares de civis — estima-se em 250 mil homens, mulheres e crianças — foram mobilizados. Dia após dia, dezenas de picadas foram abertas em meio à floresta, tanto nas partes altas como baixas da cordilheira, vadeando rios ou cavando túneis. A pé, nos ombros ou nas cestas das bicicletas, eles carregaram de peça em peça o equipamento de artilharia necessário para formar um laço de fogo nas montanhas ao redor da fortaleza. A operação se tornou conhecida como uma das maiores façanhas logísticas de todas as guerras.

Semanas depois, quando os vietnamitas lançaram o ataque, o chefe da artilharia francesa, comandante Pirot, suicidou-se. Ele havia afirmado que não seria possível aos guerrilheiros transportarem artilharia pesada através daquela região montanhosa coberta de selvas impenetráveis.

Enquanto uma chuva de obuses infernizava os legionários, milhares de vietnamitas, estimados em 50 mil homens, obedientes à tática do "ataque constante, avanço constante", cavavam um labirinto de túneis e trincheiras a cada dia mais próximo dos sitiados. Uma a uma as fortificações que formavam o cinturão defensivo de Diên Biên Phú foram tomadas. Os franceses sentiram-se perdidos quando viram os dois aeroportos destruídos, o que os impedia de receber reforços e munições.

Um pouco antes da capitulação o general Navarre, em nome da luta anticomunista, tentou envolver os Estados Unidos na batalha. O governo do presidente Dwight Eisenhower, que financiava 78% da guerra dos franceses, depois de consultar o primeiro-ministro britânico Winston Churchill, foi dissuadido de lançar bombas atômicas táticas contra as tropas de Vo Nguyên Giap.

Depois de cercados por 57 dias, o alto-comando militar francês decidiu render-se a Vo Nguyên Giap, um ex-professor de história que a causa da libertação nacional havia empurrado para o meio da selva, para ser guerrilheiro. Ele acabou se tornando um dos nomes mais famosos das guerras anticolonialistas e um dos maiores generais do século XX.

Vo Nguyên Giap

Filho de agricultores, o general nasceu no estado de Quang Binh, em 25 de agosto de 1911. Fundou, junto com Hô Chí Minh, o Viet Minh. Tornou-se fundador e comandante supremo do Exército do Povo do Vietnã. Segundo a lenda criada em torno dele — historiadores ocidentais alegam que muito do que se fala sobre ele é propaganda —, seu prenome Vo significa "força" e Giap quer dizer "armadura"; um presságio de seu destino. Fluente em francês, estudou em Hanói e Huê.

Aos 14 anos fazia parte de organizações clandestinas que lutavam contra a ocupação francesa. Em 1930, foi capturado e condenado a três anos de prisão. Acabou solto alguns meses depois. Em 1933, foi expulso da Universidade de Hanói, controlada pelos franceses, por se envolver em atividades subversivas. No ano seguinte, ingressou no Partido Comunista da Indochina, fundado por Hô Chí Minh.

A biografia oficial do general registra que se formou em Direito em 1937, mas alguns historiadores europeus duvidam dessa informação. Segundo essa corrente, dificilmente as autoridades francesas permitiriam que Giap fosse readmitido na Universidade de Hanói, de onde fora expulso por motivos políticos.

Com o Partido Comunista colocado na ilegalidade pelo governo colonial, segue-se a perseguição a seus militantes. Vo Nguyên Giap, juntamente com Hô Chí Minh e outros comunistas, foge para a China, onde inicia um árduo treinamento militar. Após alguns meses, sai especializado na tática de guerrilha.

Seu pai, alguns irmãos, o filho recém-nascido e a esposa, Quang Thaí, foram presos pela Segunda Seção da *Sûreté*, encarregada de reprimir os revolucionários vietnamitas, e torturados até a morte em 1943. Em Diên Biên Phú, Giap teve em suas mãos 10 mil prisioneiros, a maioria em farrapos, e todos foram bem tratados, segundo a própria história oficial da França.

Ao todo, a batalha final da Guerra da Indochina deixou 13 mil franceses mortos ou aprisionados e mais de 25 mil vietnamitas mortos. Diên Biên Phú, por seu simbolismo, é considerada uma das maiores vitórias militares do anticolonialismo ocorrida no mundo contemporâneo.

O mais doloroso para a honra nacional da França foi que em Diên Biên Phú a derrota não veio perante poderosas e treinadas divisões alemãs, como ocorrido em 1940. A capitulação deu-se frente à gente miúda, que combatia com sandálias de borracha, comia arroz com as mãos e lutava ao lado das esposas e filhos. Vo Nguyên Giap, com 43 anos de idade, era ainda menor que seus comandados: mal ultrapassava 1 metro e meio.

Vo Nguyên Giap foi ministro da Defesa e, por um curto período, primeiro-ministro do país. Em 1991, retirou-se em definitivo da vida pública. Quando estive em Hanói, em 2008, o general ainda vivia, e muito bem.

Atualmente, Diên Biên Phú é uma pequena cidade com cerca de 25 mil habitantes, a 34 quilômetros da fronteira com o Laos. Fundada em 1841 para impedir o acesso ao delta do rio Vermelho pelas tribos hostis que naquela época habitavam a região, está num dos locais de mais difícil acesso no Vietnã. Curiosamente, os únicos estrangeiros que a frequentam são franceses, interessados em visitar o museu, subir nos velhos tanques abandonados pela França e contemplar os diversos monumentos espalhados pelo então campo de batalha.

Além do cemitério vietnamita, pode-se entrar no bunker onde ficava o quartel-general francês e percorrer o local onde Pirot suicidou-se. Um memorial em homenagem aos três mil franceses enterrados sob as atuais plantações de arroz foi inaugurado em 1984, no trigésimo aniversário da batalha, e as principais trincheiras e túneis utilizados pelos soldados do Viet Minh foram recentemente abertos à visitação.

Divisão do Vietnã em Sul e Norte

No ótimo museu em Hanói há farto material de pesquisa. Grandes painéis, ilustrados com fotos, desenhos e textos em vietnamita e em inglês explicam a história recente do país. Em algumas salas, maquetes em tamanho original ilustram as batalhas, as trilhas pelas selvas e as casas onde viviam as pessoas mais humildes. Impressiona a quantidade de fotografias com mulheres, velhos e crianças envolvidos na guerra.

Após o vexame militar em Diên Biên Phú, a França aceitou negociar sua retirada da região, pondo fim à guerra e acabando com seu domínio na Indochina. No total, morreram 35 mil franceses e 48 mil saíram feridos. No lado vietnamita não há dados oficiais, mas calcula-se que os números sejam bem maiores devido à grande quantidade de civis envolvida nos conflitos.

Em 21 de julho de 1954, a Conferência de Genebra dividiu a Indochina em três países: Laos, Camboja e Vietnã. Representantes da França e do Viet Minh concordaram em estabelecer uma zona desmilitarizada ao longo do rio Ben Hai, separando os dois exércitos, na altura do Paralelo 17 N. Houve troca de prisioneiros e a abertura, por trezentos dias, de uma passagem para as pessoas se mudarem de acordo com seus interesses, o que possibilitou a transferência de 900 mil vietnamitas católicos para o sul.

Por imposição de Hô Chí Minh, o acordo determinava que a criação das duas zonas geográficas seria temporária e que de maneira nenhuma o rio Ben Hai dividiria o Vietnã em dois países. Em 20 de julho de 1956, seriam realizadas eleições em todo o Vietnã para efetuar sua reunificação.

A parte norte do Vietnã, apoiada pela União Soviética, ficou sob o governo do Viet Minh; a parte sul, apoiada pela França e pelos Estados Unidos, ficou sob o governo do antigo imperador Bao Dài — ainda ele —, confirmado no cargo pelos franceses.

No norte, começou a reconstrução do país, com o Viet Minh convicto de que sairia vitorioso nas eleições. No sul, porém, o imperador-fantoche Bao Dài foi mais uma vez deposto. O primeiro-ministro Ngo Dình Diem tomou o poder, aboliu a monarquia e proclamou a República do Vietnã (Vietnã do Sul), negando-se a realizar as eleições estipuladas em Genebra.

Hô Chí Minh e Vo Nguyên Giap sentiram-se traídos.

Católico fanático, Ngo Dình Diem instalou um governo autoritário e corrupto, sob a proteção dos Estados Unidos, então decididos, em plena Guerra Fria, a frear os avanços do comunismo em todo o mundo. Em dezembro de 1955, Washington fechou o consulado em Hanói, e durante mais de quarenta anos ficou sem representação diplomática na capital do Vietnã.

Numa visita a Washington em 1957, o presidente Dwight Eisenhower classificou Ngo Dình Diem como o "Homem milagroso" da Ásia. Em 1960, estudantes universitários e monges budistas — alguns se imolando em praça pública, imagens que chocaram o mundo na época — lançaram uma grande campanha contra o ditador.

A possibilidade de perder o controle do governo, jogando o país num futuro incerto, provavelmente nas mãos dos comunistas, incentivou Washington a dar apoio a um golpe de Estado. Ngo Dình Diem, o "Homem milagroso" do general Eisenhower, foi deposto e assassinado. Em seu lugar, assumiram oficiais mais entrosados com a Casa Branca.

VIETNÃ PÓS-GUERRA

Em Saigon, o embaixador Henry Cabot Lodge convidou os golpistas à embaixada e os congratulou, enviando a John Kennedy a mensagem "agora as possibilidades são de uma guerra curta no Vietnã". Ironicamente, o presidente John Kennedy foi assassinado três semanas após Ngo Dình Diem. A partir da morte de Diem, vários golpes de Estado sucederam-se e ditaduras militares efêmeras ocuparam o poder.

Em Hanói foi criada a República Democrática do Vietnã (Vietnã do Norte). O governo tratou logo de impor seu controle, eliminando os cidadãos que se opunham ao Viet Minh. Dezenas de milhares de proprietários de terras, alguns possuindo não mais que pequenas chácaras, foram denunciados pelos vizinhos, ou algum desafeto, aos Comitês de Segurança. Uma rede de espionagem policial foi criada e as listas traziam os nomes dos dissidentes, seus filhos e netos.

A polícia criada pelo Viet Minh prendia, torturava e assassinava sem misericórdia. Mais de 15 mil civis foram executados e um número bem maior preso. O próprio Hô Chí Minh se deu conta de que a repressão havia passado da conta e propôs uma campanha para revisar os erros do novo governo.

Em 1959, vendo que as eleições não sairiam, o Viet Minh lançou uma ofensiva para "libertar" Saigon. A trilha Hô Chí Minh, utilizada para levar suprimentos aos simpatizantes no Vietnã do Sul, cruzando o Paralelo 17 através do rio Ben Hai, foi ampliada. Eles criaram a Frente de Libertação Nacional (FLN), a qual passou a ser conhecida, pejorativamente, como Viêt Công, ou simplesmente VC, abreviatura para *Viêt Nam Công San* (vietnamita comunista). Mais tarde, os soldados americanos apelidariam os vietcongues, mais pejorativamente ainda, de "Charlie".

Estavam plantadas as sementes da Guerra Americana.

Após visitarmos o museu, subimos na Torre da Bandeira, um prédio com 33,4 metros de altura, construído em 1812, em cujo topo tremula a bandeira nacional do Vietnã, elevando a estrutura a 41 metros. Foi um dos poucos símbolos da cidade não destruído pelos franceses durante a ocupação, tendo sido utilizado como posto de observação militar.

O prédio tinha três andares mais uma torre em forma de pirâmide, por onde subimos através de uma escadinha em espiral, pelo lado interno, e saímos lá em cima. A escada, no início larga, vai se estreitando, a ponto de não deixar passar duas pessoas. Escura, pouco arejada e com os degraus gastos, é um convite ao perigo. Mas o panorama externo vale a pena: vê-se quase toda a cidadela, onde Hanói começou, agora utilizada como sede das Forças Armadas do Vietnã.

A visita ao prédio teve um significado curioso: a bandeira vietnamita, que tremula no topo, é igual à bandeira utilizada pelo Partido dos Trabalhadores no Rio Grande do Sul: vermelha com uma estrela amarela no meio.

— Você sabia — perguntei ao Ferreira — que a bandeira do PT em todo o Brasil é vermelha com a estrela branca, mas no Rio Grande do Sul é vermelha com a estrela amarela, como a do Vietnã?

— Nunca havia me dado conta — ele respondeu. — De quem foi a ideia?

— Minha.

Na mesma tarde visitamos a Catedral de São José, em estilo neogótico, uma pequena jornada à Europa medieval. Inaugurada em 1886, notabiliza-se por suas torres quadradas, belíssimo altar e um sem-fim de janelas com magníficos vitrais. Infelizmente a pintura externa, completamente descascada, dá ao prédio um ar de abandono.

— Os católicos de Hanói precisam se organizar melhor — comentei com Ferreira.

— Pelo menos cuidar da catedral, ela é linda.

Após uma breve meditação, na saída encontramos uma jovem aflita. Ela tentava explicar a um vigia a razão de tanta angústia, mas o homem não entendia. Nem as palavras, nem os gestos. Que, por sinal, também me pareceram um pouco estranhos. A moça parecia em pânico, de forma que decidi entrar na conversa, perguntando se ela falava inglês.

Falava. Era chinesa e estava desesperada por um banheiro. Falava tão bem que fiquei espantado. Imaginei que tivesse sido alfabetizada em inglês, mas ela respondeu que havia sido alfabetizada em mandarim e saiu correndo em direção ao prédio que indiquei, em busca do sagrado banheiro.

Faltavam-nos duas coisas para fazer em Hanói: visitar o Van Mieu (Templo da Literatura) e assistir a um show de marionetes no Teatro Municipal de Fantoches Aquáticos. Cumprimos o ritual no dia seguinte.

Templo da Literatura

Mais importante complexo religioso do Vietnã, ocupa um quarteirão numa zona moderna da cidade, resquício dos velhos tempos. Demoramos a encontrar o portão de acesso.

Encostado num dos muros laterais, um barbeiro, com a cadeira instalada na calçada, cortava o cabelo de um cliente. A cena é comum nos populosos países asiáticos, onde não há casas nem prédios comerciais para todos os profissionais. Mas esse barbeiro era tão esperto que, aproveitando-se da constante visita de turistas e peregrinos em volta do templo, procurando pela maldita porta, cobrava um dólar de quem desejasse fotografá-lo em serviço.

Tirei uma foto, Ferreira tirou outra.

— São dois dólares — ele disse, quando estendi a nota americana.

— O senhor falou um dólar.

— Um dólar de cada um. Vocês são dois, então dois dólares.

Pagamos. Deu sorte: dobramos a quadra e encontramos o portão de entrada. Um aviso antigo, pedia aos visitantes para desmontarem dos cavalos antes de ingressarem nos pátios internos. Não havia cavalos, mas uma infinidade de motos lado a lado, à espera de passageiros.

O templo foi construído em 1070 pelo imperador Ly Thanh Tong para homenagear Confúcio. Seis anos depois, foi estabelecida no local a primeira universidade vietnamita para educar os filhos dos mandarins. Em 1802, o imperador Giá Long transferiu a Universidade Nacional para Huê, a nova capital.

O complexo é formado por cinco enormes pátios, separados por um muro, ligados entre si por diversos portões. O caminho central e seus portões eram utilizados pelo imperador. Os caminhos laterais, pelos mandarins. De um lado, os mandarins administrativos, do outro os mandarins militares.

O pavilhão Khuê Van, no final do segundo pátio, foi construído em 1802, um magnífico exemplo da arquitetura vietnamita. As 82 estelas, consideradas os elementos mais importantes do templo, foram esculpidas em pedras sobre imagens de enormes tartarugas.

Teatro Municipal dos Fantoches Aquáticos

Ao cair da tarde de domingo fomos ao Teatro Municipal, no centro da cidade, assistir à mais típica das artes cênicas vietnamitas: os fantoches aquáticos. O sucesso é tanto, especialmente entre os visitantes estrangeiros, que foi preciso comprar os ingressos com antecedência. Ferreira pagou uma taxa extra para fotografar.

Praticamente desconhecido fora do norte do Vietnã até os anos 1960, o teatro de bonecos apresentado dentro de um tanque com água tem origem nos arrozais plantados no delta do rio Vermelho, no século XI. Originalmente o tanque era a lagoa da aldeia, ou mesmo um lago próximo. Tratava-se de uma arte cujos segredos, mantidos restritos aos homens da família, eram transmitidos dos mais velhos aos mais jovens. As moças não tinham acesso aos truques. Casando-se com alguém de outro clã, levariam o segredo para fora da aldeia.

Os bonecos são confeccionados em madeira de pés de figo nativos, impermeabilizados por uma cobertura de resina e verniz e montados sobre hastes de bambu. Medem entre 30 centímetros de largura e 1 metro de altura, com o peso variando de 1 a 5 quilos. Os maiores chegam a pesar 15 quilos. As hastes ficam submersas, os bonecos bailando sobre a superfície. Eles duram no máximo quatro meses, proporcionando trabalho contínuo para diversos grupos artesanais nos arredores de Hanói.

Ao fundo do palco-tanque havia uma cortina, também feita de bambu, atrás da qual ficavam 11 manipuladores, cada um responsável por um boneco. Eles são treinados durante três anos até se tornarem profissionais. Antigamente ficavam imersos na água. Além de desconfortável, a posição os deixava doentes. Agora usam roupas impermeáveis. A participação deles na peça é tão sutil que somente no final, na hora das apresentações, nos demos conta do local onde estavam.

A orquestra, responsável pela trilha sonora do espetáculo, fica ao lado do palco-tanque. Eles cantam, tocam instrumentos tradicionais, especialmente percussão e sopros, como flautas de madeira, xilofones de bambu, gongos, tambores e o fascinante *dân bau*, uma cítara habilmente executada.

As peças a que assistimos tinham como personagens pessoas e cenas da vida rural, ou figuras típicas como o flautista montado num búfalo ou um plantador de fumo. Além desses quadros bucólicos, foram encenadas danças místicas de leões e dragões, bem como dos quatro animais sagrados: a fênix, o unicórnio, o dragão e a tartaruga. Outro tema corriqueiro é a lenda da batalha do rei Lê Loi, aquele que expulsou os chineses definitivamente do Vietnã.

Gostei mais das cenas em que um dragão, cuspindo fogo, rebolava para lá e para cá sobre a água — um belo efeito visual. Em outro ato, pescador e peixe travavam uma batalha tão real que o animal parecia vivo. A manipulação era perfeita, tamanha a destreza dos manipuladores e a sofisticação dos bonecos, alguns com movimentos articulados. Não fossem as figuras desengonçadas, ficaria com a impressão de que se tratava de personagens vivos caminhando sobre uma lâmina de água.

À noite, fomos jantar com Gustavo e Taís. Tanto eles quanto nós viajaríamos no dia seguinte. Sempre tive curiosidade em saber por que tantos jovens brasileiros se mudam para a Nova Zelândia, e agora estava diante de um casal deles.

— Bem — disse Taís —, eu estava querendo sair do Brasil para fazer um intercâmbio, mas sempre foi meio difícil pela grana, que não era pouca. Um dia uma amiga comentou que também gostaria de viajar, então começamos a pesquisar. Ela tinha um amigo na Nova Zelândia e ele nos informou que não precisava estudar, era fácil entrar e conseguir trabalho.

— Há quanto tempo você está na Nova Zelândia?

— Há dois anos.

— Você veio depois, Gustavo?

— Eu também estava pensando em sair do Brasil. Tinha um amigo na Nova Zelândia. Então, conversa vai, conversa vem, resolvi tentar a sorte.

— Está no país há quanto tempo?

— Há um ano e meio.

— O que vocês fazem lá?

— Estamos trabalhando, aprendendo inglês e descobrindo uma cultura muito diferente da nossa, uma realidade completamente nova.

— Esta viagem é de férias?

— Sim.

— Se vocês estivessem trabalhando no Brasil, teriam dinheiro para uma viagem dessas?

— Claro que não.

— Por onde passaram?

— Indonésia, Singapura e Malásia.

— Que países visitarão?

— Depois do Vietnã vamos à Tailândia e Camboja.

— Até agora, qual o lugar mais bonito que vocês visitaram?

— A baía Hà Long.

Taís bebeu suco, nós bebemos alguns copos de Bia Hoi.

— Dizem que esta é a cerveja mais barata do mundo — comentei.

— Na Tailândia tomamos uma cerveja muito boa, porém muito forte — disse Ferreira. — A marca era Chang, com 6,5 graus de teor alcoólico.

— Mas a melhor cerveja que tomamos até aqui foi no Laos — afirmei. — A Laobier foi uma surpresa, uma das melhores cervejas que provei em minhas viagens.

Depois falamos de futebol.

— Embora seja o esporte mais popular no país, o Vietnã está em 172º lugar no ranking da FIFA.

— Apenas uma posição acima do Taiti.

Cát Bà

Altitude: nível do mar
Latitude: 20° 43′ 30.95″
Longitude: 107° 02′ 54.15″
Distância de Porto Alegre: 17.611km

Havia um ônibus para a cidade de Hà Long, nosso próximo destino. Não que fôssemos ficar na cidade que era, apenas, um porto bastante poluído: era a porta de entrada para a baía Hà Long, o lugar que mais tínhamos ouvido falar na viagem. Os mochileiros a indicavam como o local mais bonito do Sudeste Asiático. Ficava a leste de Hanói, um pequeno desvio em nossa rota para o sul.

Estávamos curiosos por conhecer a Zona Desmilitarizada, a linha que dividia o Vietnã do Norte, no Paralelo 17, do Vietnã do Sul. A faixa de terra entre a margem sul do rio Ben Hai e a Rodovia 9 foi o local onde se deram as maiores batalhas durante a Guerra Americana, especialmente junto à base de Khe Sanh. Estavam também nessa área os túneis em Vinh Moc utilizados pelos vietcongues. Talvez pudéssemos percorrê-los. Mas esses lugares podiam esperar.

Resolvemos visitar a baía Hà Long.

Saímos à procura do tal ônibus. Os mapas indicavam a existência de uma *Bus Station* perto do hotel onde passava o ônibus para Hà Long. Precisávamos encontrá-la. A referência era a ponte Long Bien, um dos alvos mais atacados pela Força Aérea dos Estados Unidos durante a guerra. Ela tinha 1.682 metros e fora erguida pelos franceses entre 1888 e 1902 sob a direção do mesmo arquiteto que construiu a Torre Eiffel, em Paris.

A ponte havia sido danificada diversas vezes, e os vietnamitas sempre conseguiam consertá-la e colocá-la à disposição de carros, trens e pedestres. Os americanos somente pararam com os ataques quando os prisioneiros de guerra foram colocados para trabalhar na recuperação das partes destruídas. Atualmente, ela serve apenas para pedestres e bicicletas.

Encontrá-la não foi difícil, mas de nada serviu. Havia uma quantidade enorme de barracos nas vielas embaixo das estruturas de aço. Mercados, pequeno comércio, casas de moradia, crianças brincando no meio da lama, um mau cheiro terrível. Mas do ônibus, nem sinal. Quando perguntávamos a alguém pela *Long Bien Bus Station*, limitavam-se a nos mostrar a ponte.

Gastamos a manhã inteira para descobrir, cansados e com fome, que a dita *Bus Station* era apenas uma parada, na avenida perto da ponte, onde os ônibus passavam abarrotados de gente. Mesmo assim esperamos para ver se algum deles tinha como destino a cidade de Hà Long. Mas nada. Desistimos. Mais tarde, fiquei sabendo que os ônibus para Hà Long não estampam na frente o nome da cidade, mas de um de seus dois bairros: Bai Chay ou Hon Gai.

De volta ao hotel, perguntamos ao proprietário, um sujeito simpático como todos os bons comerciantes, onde pegaríamos o ônibus para a cidade de Hà Long.

— Aqui — ele respondeu.

— Aqui onde?

— Aqui.

Talvez não houvesse entendido meu inglês. Insisti, falando pausadamente:

— Queremos visitar a baía Hà Long e precisamos pegar um ônibus para a cidade de Hà Long, onde tomaremos um barco. Onde fica a estação rodoviária central? Onde podemos pegar esse ônibus?

— Aqui.

— Aqui no hotel? — perguntou Ferreira, meio impaciente.

— Sim, aqui no hotel.

— O ônibus para aqui? — perguntei.

— Para. Quando vocês vão?

— Amanhã cedo — respondeu Ferreira.

— Onde podemos comprar as passagens? — perguntei.

— Aqui.

— Aqui no hotel?

— Sim, comigo.

— Quanto custa?

— Para onde vocês querem ir?

— Para a cidade de Hà Long.

— Depois voltam para cá?

— Não. Da cidade de Hà Long queremos fazer um passeio de barco pela baía Hà Long e depois desejamos ir para a ilha Cát Bà, onde ficaremos alguns dias.

— Posso vender a passagem de ônibus para a cidade de Hà Long, o passeio pela baía Hà Long e a passagem de barco até a ilha Cát Bà.

— Pretendemos chegar em Hà Long e lá prepararmos nossa visita à baía. Talvez alugar um pequeno barco, conhecer os lugares com mais calma — retruquei.

— É impossível — ele respondeu.

— Por quê?

— Não é permitida a entrada na baía de forma independente. Quem desejar percorrê-la terá necessariamente que se integrar a um grupo. Os roteiros são padronizados. Em alguns lugares não é permitido navegar, e os comandantes dos barcos turísticos têm um acordo com as autoridades.

— Quem vende os pacotes?

— As operadoras de turismo de Hanói. Mas vocês não precisam se preocupar com os detalhes, arranjo tudo para vocês. Gosto que os hóspedes do meu hotel fiquem satisfeitos e me recomendem aos amigos.

Compramos. Compramos tudo. O cara merecia.

Baía Hà Long

Na manhã seguinte, na hora marcada, estávamos a postos na recepção do hotel. O proprietário agarrou uma das mochilas, pediu que o seguíssemos, e saímos atrás dele. Numa esquina, pediu que esperássemos. Logo apareceu uma van e lá fomos nós para a cidade de Hà Long. O motorista explicou que fazíamos parte de três grupos: alguns pernoitariam no barco, em meio à baía, e na manhã seguinte voltariam para Hanói. Outros, após o passeio, seriam levados para um hotel, na ilha Cát Bà. No dia seguinte, também voltariam para Hanói. Havia ainda dois passageiros que seriam deixados em Cát Bà.

Identificamo-nos como os que seriam, nas palavras dele, "deixados na ilha". Estávamos no último banco da van e os demais turistas se viraram para nos olhar. Demos um sorriso e eles voltaram às posições normais. Talvez tivessem pensado em nos emprestar algum dinheirinho. Deixados na ilha! Para complicar, o motorista pediu os recibos.

— Não temos — expliquei.

— Não têm?

Todos se voltaram para nos olhar uma segunda vez. Seríamos deixados ali mesmo, na saída da cidade? Talvez fosse melhor do que simplesmente abandoná-los numa ilha em meio ao golfo de Tonquim.

— O proprietário do hotel onde estávamos hospedados, e que nos vendeu as passagens, não forneceu recibos — expliquei.

— Ah! — disse o motorista.

Olhei para o Ferreira, ele olhou pra mim.

— Na próxima vez devemos pedir recibos — falamos ao mesmo tempo.

Cruzamos a nova ponte, construída ao lado da famosa Long Bien, passamos pelos subúrbios da capital e logo estávamos fora da cidade. Durante um bom tempo andamos pela autoestrada em direção ao porto de Hai Phòng, uma rodovia de pista dupla em meio ao bairro industrial. Trânsito pesado. Passamos por grandes empresas internacionais, hotéis executivos e logo estávamos na zona rural.

Pegamos uma estrada secundária, outra mais secundária ainda e assim fomos, a rodovia cada vez mais empoeirada. Mesmo assim, precárias que fossem as estradas, o movimento era intenso, especialmente pedestres, ciclistas e motoqueiros. Chamavam atenção as pontes, obras faraônicas, ligando margens de pequenos rios no longínquo interior. Isso vimos em todo o Vietnã, parecia uma praga a comer o dinheiro público: obras gigantescas, cuja principal função parecia ser apenas despertar a admiração das pessoas mais simples.

— Essas pontes me lembram o Milagre Brasileiro — comentei com Ferreira.

— Servem mais como propaganda ideológica.

— E para distribuir propina para os burocratas do governo.

Pouco mais de 160 quilômetros após termos saído de Hanói, chegamos a Bai Chay, no lado ocidental da cidade de Hà Long, capital do estado de Quang Ninh. Havia uma ponte gigantesca ligando Bai Chay a Hon Gai, mas não foi preciso cruzá-la. Descemos diretamente no porto, de onde saem os barcos levando os turistas para um passeio entre as ilhas da baía.

O motorista pediu para esperarmos em determinado lugar e sumiu. Pouco mais tarde, apareceu um cara, saído não sei de onde, e nos deu duas passagens.

— Oba!

Ele pediu que esperássemos. Uma hora depois surgiu outro sujeito e nos mandou entrar num dos barcos de madeira atracados no porto. Cruzava-se uma passarela onde, no final, um funcionário conferia os bilhetes e indicava qual barco deveria ser pego. Eles eram praticamente iguais, causando confusão entre os turistas. A fila parou. Alguém à nossa frente se desentendeu com o capitão e disse que não entraria. Discutiram, discutiram. Enfim, entrou. Entramos também.

Pingos ralos nos ameaçavam com chuva. Deixamos as mochilas cargueiras no deque na proa, ao lado da porta de entrada do convés principal, protegidas da chuva. Os demais passageiros voltariam para seus hotéis em Hanói, não tinham bagagem. Ingressamos na área coberta e fomos sentar numa das mesas.

Estava incluído no passeio, que duraria o dia, o almoço, e estávamos curiosos para saber qual tipo de refeição seria oferecido. Vínhamos comendo nos pequenos restaurantes de Hanói, a maioria deles na calçada, junto com os vietnamitas, onde pagávamos preços populares. No barco, nos serviriam algo especial, imaginávamos, pois viajávamos com turistas estrangeiros que haviam comprado seus pacotes na Europa e pago uma fortuna.

— Estamos na primeira classe — comentei com Ferreira, apontando o queixo para a expressão satisfeita do pessoal ao redor.

O barco saiu, andou alguns metros e parou. Um rapaz informou que logo serviriam a comida. Dividíamos a mesa com dois sujeitos de Singapura, cheios de câmaras fotográficas. Ferreira logo identificou serem de última geração, embora não parecessem profissionais.

Estávamos no porto, mas ao longe viam-se algumas ilhas em meio à baía, delgados maciços saídos diretamente da água.

Comemos peixe assado na chapa. Cada peixe veio inteiro, numa travessa. Depois de limpo, o lado externo fora cortado para os condimentos calarem com mais profundidade. Temperado com alho, chili, pimenta preta, curry e o tradicional molho de peixe (o país produz 200 milhões de litros de *nuoc mam* por ano), veio guarnecido com folhas de erva-cidreira e coentro. Além de bonito, o prato estava cheiroso. Acompanhou arroz e uma salada de pepino em rodelas.

Nossos parceiros de mesa temperaram o arroz com o molho de peixe, e saborearam com mais prazer do que a carne. Tanto que um dos peixes sobrou, permitindo-me substituí-lo pela minha porção de arroz. Tudo devidamente comido com os tradicionais pauzinhos. Bananas de sobremesa. Serviram refrigerantes e água mineral, cobrados à parte.

— A única diferença para os pratos populares que comemos em Hanói é o preço — comentei.

Após o almoço, o barco recolheu as âncoras e saímos em direção às ilhas em meio à baía. A chuva desapareceu e o sol se fez presente, mas não o necessário para limpar o céu. Esmaecido, fazia pouco contraste com os picos esverdeados, decepcionando meu amigo fotógrafo.

Subimos para o convés superior, aberto, e demos início ao passeio. Logo, estávamos extasiados com a maravilhosa paisagem. O guia *Lonely Planet*, aquele comprado pirateado em Hanói, assim descrevia a baía Hà Long:

"Majestosa e enigmática, inspirativa e soberba: apenas palavras não podem fazer justiça à beleza natural que é a baía Hà Long. Imagine 3 mil ou mais ilhas incríveis surgindo das águas esmeralda do golfo de Tonquim e você tem a visão de uma beleza de tirar o fôlego. A baía Hà Long é pura arte, coleção sem preço de infinitas esculturas talhadas pela mão da natureza."

Era bem mais que isso. Para um jornalista, é duro admitir, mas fazer o quê? Estava perante uma beleza indescritível! Pela segunda vez na minha vida — a primeira fora na cordilheira do Himalaia, no Nepal — estava diante de algo tão magnífico que a linguagem humana ainda não tinha cunhado palavras para expressar sua grandiosidade.

Aos milhares, as agulhas espalhadas entre as águas do golfo surgiam abruptas, formando aqui e ali ilhotas cujos topos pontiagudos resplandeciam centenas de metros acima do nível do mar. A pedra calcária, exposta às intempéries, moldada pelo vento e a chuva ao longo dos milênios, ganhava formas aterradoras — e belas. O constante bater das ondas na rocha desprotegida de qualquer vegetação falquejava uma cintura, como se uma faca gigante tivesse cortado um sulco na pedra ao nível do mar.

Outras agulhas, reunidas em pequenos arquipélagos e cobertas por uma baixa vegetação tão verde quanto as águas por elas tingidas, eram circundadas por estreitas praias de areia branca, beleza selvagem praticamente fora do alcance humano. Nas encostas, aberturas naturais na rocha descortinavam amplas galerias, cavernas gigantescas repletas de estalagmites e estalactites maravilhosamente desenhadas pelo gotejar das águas ao longo dos tempos. Pássaros, fartamente alimentados pelo mar piscoso, revoavam em constante alarido.

— Hà Long significa "lugar onde o dragão desceu ao mar" — comentei com Ferreira.

As ilhas da baía foram criadas por um grande dragão que vivia nas montanhas. Quando ele desceu para a costa, o movimento de sua cauda foi abrindo profundos vales. Entrando no mar, o nível da água subiu, deixando à mostra apenas os picos mais altos.

Navegadores que vivem no golfo de Tonquim têm afirmado que por diversas vezes viram no arquipélago uma misteriosa criatura de grandes proporções. Eles batizaram o monstro marinho com o nome de Tarasque. Alguns militares acreditam que possa se tratar de um submarino espião dos imperialistas; outros afirmam que o Tarasque é a versão vietnamita do monstro do lago Ness, figura lendária da Escócia.

A parada inicial foi na ilha nomeada pelos franceses de *Île des Merveilles*, onde visitamos a caverna Hàng Dau Go. O barco parou numa ponta da ilha e nos deram uma hora para subir a montanha, entrar na caverna e sair no outro lado, onde estariam nos esperando. Nosso grupo era formado por cerca de vinte pessoas, das mais diversas partes do mundo.

Descemos do barco, caminhamos por uma longa ponte de madeira suspensa sobre o mar, fixada na parede da montanha, e subimos noventa degraus por uma escada, nas pedras. A caverna tinha três grandes câmaras e a primeira era forrada por estalactites fantasmagóricas, formando estranhas criaturas, tais como gnomos e macacos. As paredes da segunda câmara estavam iluminadas com luzes coloridas, lançadas por grandes holofotes. Nossos novos amigos, os fotógrafos de Singapura, adoraram. O visual era bonito, mas tirava todo o encanto de estarmos numa caverna em meio a uma natureza tão exuberante.

A terceira câmara, que dava nome à caverna — Hàng Dau Go significa Estacas de Madeira —, foi onde o general Trân Hùng Dao (aquele homenageado no templo em meio ao lago, no centro de Hanói) preparou e armazenou as estacas com as quais derrotou, no século XIII, às margens do rio Bach Dang, os exércitos mongóis de Kublai Khan.

Voltamos ao barco correndo. Havíamos nos demorando tirando fotos da baía de cima da montanha e quase perdemos nosso *tour*. Andamos mais um pouco, entre os belíssimos pináculos, e paramos numa fazenda de peixes. Havia muitas casas, todas com viveiros embaixo do assoalho, onde os pescadores criavam peixes.

A cena lembrava o filme *Waterworld, o segredo das águas*, estrelado por Kevin Costner.

Enquanto o barco esteve parado, uma série de pequenas embarcações, onde mulheres e crianças vendiam frutas da região, se aproximou. O pessoal comprou banana, abacaxi, pomelo, ameixa, melão, melancia, fruta-dragão e outras mais, que não consegui identificar.

Uma jovem turista loira, que havia pintado estrelinhas nas unhas dos pés, chamou mais a atenção das mulheres a bordo que o pequeno mercado flutuante.

— Você mandou pintar em Hanói?

— Não, foi em Singapura. Ficou lindo, não?

— Ficou. Depois você me dá o endereço, semana que vem estou indo para lá.

Os turistas que passariam a noite no mar começaram a se organizar. Foram levados ao porão, onde receberam as chaves dos quartos. Os que iriam para um hotel em Cát Bà foram transferidos para outro barco. Nenhuma das duas opções era o nosso caso. Queríamos simplesmente ir até a ilha, onde pretendíamos passar alguns dias. Tínhamos a esperança de que, uma vez lá, pudéssemos percorrer as águas da baía sem precisar entrar num grupo turístico.

Pelo andar das coisas, achei que havíamos entrado numa fria. Não tínhamos pagado para dormir no barco nem tínhamos como sair do meio da baía e navegar até Cát Bà. Comentei a situação com Ferreira e ele disse que dormir ali, o que parecia que teríamos de fazer, devia ser de um tédio mortal. Concordei.

Lá pelas tantas, uma ou duas horas depois, fomos orientados a passar para outro barco. Para nossa surpresa, rumamos para Cát Bà.

— Menos mal.

Vila Cát Bà

Navegamos ainda um bom tempo até chegarmos à ilha. Descemos num pequeno porto, embarcamos numa velha caminhonete que estava à espera e, uma hora e muitas subidas e descidas depois, fomos deixados na vila Cát Bà, em frente a uma pequena baía repleta de barcos de pesca. Pelo que entendi, acabavam ali os serviços que havíamos pagado em Hanói.

— Não sei como eles se entendem — comentei com Ferreira. — A gente vai passando de mão em mão e no final acabamos no lugar certo.

— Os caras são honestos.

— Se fosse no Brasil, já teriam nos dado um cambalacho há muito tempo.

Aldeia de pescadores até poucos anos atrás, a vila de Cát Bà, na única ilha habitada da baía Hà Long, transformou-se em atração turística dos filhos das famílias ricas de Hanói. No verão, eles colocam seus carros num ferry e os levam para desfilar na única avenida da vila, ladeando a pequena baía onde ficam os barcos pesqueiros. Há hotéis, restaurantes, bares e, principalmente, karaokês, a última moda no Vietnã. Por sorte, não era temporada; esperávamos sossego para explorar a baía e a própria ilha. Esperávamos também preços razoáveis nos hotéis.

— Procuram hotel? — perguntou um rapaz, vendo as mochilas na calçada.

— Sim — respondi. — Conhece algum?

— Conheço todos os hotéis da ilha.

Eu também conheço o tipo. Aliciadores de turistas há em todos os lugares do mundo, não seria diferente em Cát Bà.

— Onde tem um bom hotel? Bom e barato — fui logo adiantando.

— Aqui.

— Aqui onde?

— Este, estamos na frente dele, o Giang Son.

A localização era perfeita e o aspecto do hotel me pareceu bom.

— Podemos olhar o quarto?

— Claro.

Ele entrou na recepção, foi para trás do balcão, pegou as chaves e pediu que o acompanhássemos. Subimos três andares de escada e vistoriamos um ótimo apartamento duplo. Banheiro privativo, água quente, tevê, ventiladores, ar condicionado e uma sacada com vista maravilhosa para a baía, repleta de barcos coloridos, reluzindo ao sol. À noite, os pescadores deviam deixar as luzes de navegação acesas, dando ao local um brilho mágico.

Na saída, observei que ao devolvermos as chaves na recepção o funcionário desligou uma chave geral, num painel atrás do balcão, deixando o quarto sem energia. Economizava luz, caso houvéssemos deixado alguma lâmpada, ou o ar-condicionado, ligados. O problema seria que só poderíamos carregar as baterias das câmaras fotográficas de noite. Tal economia, no entanto, era repassada aos hóspedes, baixando o preço do quarto, como logo descobriríamos.

— Quanto custa a diária?

— Vinte dólares para cada um.

— Muito caro — falei, fazendo menção de sair do hotel.

— Vinte dólares para os dois.

— Muito caro.

— Quanto vocês querem pagar?

— Dez dólares para os dois — ofereci.

— Pode ser — ele disse.

Ficamos uma semana.

Chung era professor de inglês numa escola na ilha. Essa habilidade fazia dele um mestre na arte de ganhar dinheiro intermediando produtos e serviços para os visitantes estrangeiros. Enquanto estivemos em Cát Bà, de cada centavo que gastamos um percentual foi para seu cofre. Como manda a filosofia de todo bom comerciante, as comissões deslizavam para seu bolso sem que percebêssemos. Mesmo assim, a intermediação, apta a submeter-se às nossas barganhas, baixava os preços, mesmo com a parte dele incluída.

Simpático e prestativo, Chung representava o padrão do jovem vietnamita nascido após a guerra, cuja única ideologia era ganhar dinheiro. Se durante anos infindáveis o Vietnã esteve dividido entre Norte e Sul, entre comunistas e capitalistas, entre cristãos e budistas, agora estava dividido entre os jovens empreendedores, ávidos por ganhar dinheiro, e os velhos, saudosistas da antiga utopia.

Primeiro passo na ilha: conhecer a culinária local. Comemos camarão e lula grelhados ao alho e óleo, peixe no vapor temperado com alho e molho de soja, peixe frito, risoto de camarão, risoto de peixe e o prato de que eu mais vinha gostando no Vietnã: arroz frito com camarão temperado com alho, cebola, tomate, ovo e pimenta branca, guarnecido com folhas de coentro. Todos os pratos vinham acompanhados por arroz branco e molho de peixe. Para variar um pouco os frutos do mar, também comemos pato grelhado caramelado.

— Mais barato que um cachorro-quente em Amsterdã — comentávamos enquanto escolhíamos os sofisticados pratos no cardápio.

Uma noite, presos num restaurante por causa da chuva, fizemos amizade com duas jovens que jantavam numa mesa perto da nossa. An Bertels e Petra eram belgas e estavam viajando pelo Vietnã, visitando especialmente os lugares com belezas naturais. Ao contrário de nós, não tinham muito interesse pelos resquícios da guerra, queriam apenas curtir o país. Mesmo assim, ficamos amigos e, como algumas vezes nossos roteiros coincidiram, acabamos fazendo diversas viagens juntos.

Parque Nacional Cát Bà

Depois de percorrer todos os restaurantes de Cát Bà — poucos, mas bons e baratos — e mandar lavar nossas roupas no hotel, cujo preço foi negociado com Chung, pretendíamos conhecer o interior da ilha.

— Onde podemos alugar uma moto para conhecer Cát Bà? — perguntei.

Ele passava as manhãs e as noites na calçada do hotel.

— Podem alugar esta — disse ele, apontando para uma bela moto estacionada em frente ao hotel.

— Alugamos de quem?

— De mim.

— De ti?

— Sim, é a minha moto. Alugo para vocês. Cinco dólares por um dia. Mais a gasolina.

Chung ficou 80 dôngs mais rico.

O rapaz deu algumas instruções para o Ferreira, motoqueiro experiente, e saímos direto para as montanhas.

A topografia da ilha é formada por uma sucessão de montanhas e vales, cobertos por densa vegetação. O verde, quase escuro, abre espaço para pequenas estradas e algumas casas isoladas. Fora da costa, pouca gente vive. Mesmo as lavouras de arroz, constantes em todo o Vietnã, ocupam pequenas nesgas de terra aqui e ali. A irregularidade do terreno, quando vista do alto de uma montanha — a estradinha subia e descia com acelerada impetuosidade —, é impressionante.

Em 1986, cerca de metade dos 354 quilômetros quadrados da ilha foi declarada parque nacional, esforço público para preservar o rico ecossistema, formado por florestas subtropicais nas montanhas, pântanos e banhados nos vales e pequenos lagos de água doce. A maior parte do litoral é formada por rochedos saídos diretamente da água, como em toda a baía, mas em alguns lugares existem densos manguezais, pequenas praias de areias brancas e barreiras de corais. Mais de duzentas espécies de peixes, quinhentas de moluscos, três de golfinhos e uma espécie de foca foram catalogadas pelos pesquisadores.

Em uma das primeiras curvas a moto derrapou no cascalho, saiu da estrada e tombou. Graças à perícia do Ferreira, não me machuquei, e ele saiu apenas com um dedo escoriado, sangue logo estancado com um esparadrapo. Estava de sandálias, o ferimento no pé poderia ter sido pior. Aproveitamos a parada compulsória para tirar fotos; estávamos na parte alta da montanha e, logo abaixo, no fundo do vale, havia uma casa em frente a uma verdejante lavoura de arroz.

Havia muitas cachoeiras, águas que escorriam dos lagos formados pelas chuvas, e diversas cavernas. A ilha parecia um queijo suíço, tantas cavernas abrigava. A mais famosa delas, conhecida como Caverna Hospital, por abrigar um hospital militar secreto durante a Guerra Americana, foi a primeira visitada.

Deixamos a moto na beira da estrada. Chung, ao alugá-la, havia dito que não teríamos problema. Sempre que desejássemos caminhar pelas montanhas, bastaria estacionarmos a moto e seguirmos o passeio a pé. Mesmo assim, ficamos um pouco apreensivos, não estamos acostumados com tamanha honestidade.

— No Brasil — disse Ferreira, que sempre teve motos —, uma moto leve deixada na beira da estrada, ou em qualquer outro lugar, seria roubada na hora, mesmo presa com grossas correntes.

— Como fazem?

— Os caras encostam uma Kombi, a colocam para dentro e somem.

Bem, por sorte, não estávamos no Brasil, mas no Vietnã.

Subimos pela encosta da montanha e entramos numa plataforma natural. Um sujeito que estava no local e que se apresentou como guarda abriu uma pesada porta de ferro e entramos na montanha, um bunker sensacional. Haviam protegido a parte oca da caverna com grossas paredes de concreto e a dividido em diversas salas, cada uma destinada a uma atividade: sala cirúrgica, enfermaria, quartos, cozinha, banheiros. Drenaram a água que descia da montanha e fizeram até uma piscina. Soldados, pedalando uma espécie de bicicleta, moviam um gerador de energia elétrica.

Havia mais de um andar. As salas de comando militar eram as maiores. Caminhamos pelo labirinto durante um bom tempo, até sairmos no outro lado da montanha, onde havia nova porta, dando para outra plataforma e dali para o vale. Havia também saídas de emergência e, na época da guerra, pesada artilharia apontada para os dois lados da estradinha lá embaixo. Caso algum comboio militar inimigo cruzasse por ela, seria atacado e aniquilado antes que descobrisse a origem dos tiros.

Ao regressarmos ao pé da montanha constatamos, um pouco surpresos, que a moto continuava no exato local onde fora deixada. Havia outras cavernas na ilha, mas nenhuma tão importante como a Hospital. Assim, demo-nos por satisfeitos no quesito cavernas. Pretendíamos escalar alguma montanha para ver a ilha de um ponto bem elevado. O panorama deveria ser estupendo.

Andamos um pouco mais e chegamos ao Parque Nacional Cát Bà. Pelas informações que tínhamos, deveríamos pagar uma taxa para entrar. Havia uma guarita vazia e, um pouco mais adiante, algumas pessoas conversavam numa sala com a janela aberta para a entrada do parque. Aos poucos, olhando para cima, fomos passando. Estacionamos a moto, caminhamos pelos arredores e, como ninguém foi nos cobrar, seguimos adiante, a pé.

Havia uma estradinha em direção às montanhas, por onde seguimos. Um pouco adiante, ela terminava e iniciava-se uma série de trilhas, cada uma levando a um lugar diferente dentro da ilha. Queríamos subir à montanha mais alta, ver o panorama de cima.

Por onde seguir? Qual das trilhas nos levaria ao local desejado?

Andamos mais um pouco e encontramos uma choupana, onde uma senhora vendia água em garrafas de plástico. Compramos duas. Eu estava equipado, com as botas de trekking e a roupa adequada. Ferreira havia deixado as botas no hotel e estava com o pé machucado.

— Você acha que pode subir?

— Claro.

Perguntamos qual trilha levava ao cume e ela se ofereceu para nos acompanhar, mostrando o caminho. Aceitamos e, para nossa surpresa, em vez de ela subir, mandou uma garota seguir conosco. Pelo que entendemos a menina estava acostumada a mostrar os caminhos dentro do parque. Seguiu na frente e lá nos fomos, montanha acima.

A trilha era bem difícil. Além de muito íngreme, estava enlameada, o que nos deixava inseguros. Resvalar e perder o equilíbrio poderia nos jogar no precipício lá embaixo. O caminho se bifurcava a toda hora e, se não fosse a menina, teríamos nos perdido. Lá pelas tantas, para encurtar a viagem, ela resolveu pegar um atalho, o que significou atacar a montanha de frente, exaurindo as nossas forças.

Caminhávamos por dentro da mata que cobria a encosta da montanha, e não víamos nada além do barro no chão. Cruzamos por alguns sapos e muitas aranhas, além dos tradicionais mosquitos. A ilha hospedava quatrocentas espécies de artrópodes, e aos poucos os íamos descobrindo. Nas copas das árvores, os pássaros debandavam com nossos ruídos. Sofríamos enquanto a jovem vietnamita saltitava à frente.

— Os soldados americanos, carregados com aquela parafernália toda, deviam sentir-se como estamos nos sentindo — comentei.

— Os vietcongues, acostumados com o terreno, deviam seguir lépidos como a garota.

Eu havia quebrado o pé esquerdo na arquibancada do estádio Olímpico, durante um jogo do Grêmio pela copa Libertadores da

América, no ano anterior. Depois do acidente, não havia calçado as pesadas e desconfortáveis botas de trekking, e não sabia como me comportaria. Mas a atenção ao terreno escorregadio foi tanta que esqueci completamente o problema do pé. Sinal, enfim, de que havia sarado de forma definitiva.

Pouco mais de uma hora de caminhada depois mudamos de montanha. Descemos um pouco, cruzamos pelo colo entre elas e passamos para outra, a mais alta do parque. A subida ficou mais íngreme, mas já estávamos acima das demais, o que nos possibilitava alguma vista da ilha montanhosa. Às vezes, as folhas das árvores ficavam mais ralas, e tínhamos uma prévia do panorama que nos aguardava.

Estímulo puro.

Chegamos à subida do cume. Havia uma escada de ferro, fixada nas rochas, que nos facilitava a ascensão, embora me deixasse mais vulnerável a algum acidente. Os degraus eram estreitos e bem esparsos, e ela me pareceu um pouco bamba. Com as botas de solado duro, perdia toda a sensibilidade nos pés. Subi apalpando, lentamente. Mudava um pé quando o outro estava bem firme. A mata desapareceu e me vi completamente exposto aos precipícios, lá embaixo; o cume da montanha havia afunilado muito.

Enfim, o topo. Havia espaço apenas para a base de uma torre de ferro, usada como ponto de observação durante a guerra. Ferreira subiu alguns degraus para fazer fotos da ilha com um ângulo de 360 graus, e eu fiquei agarrado na estrutura. Ela tremia com o vento, mas a vista era maravilhosa. As montanhas, cobertas por uma mata verde-musgo, sobrepunham-se no horizonte, separadas por vales e cânions descomunais. Caso algum dinossauro surgisse por entre elas, não me surpreenderia.

A descida, derrapando pela trilha, foi bem mais perigosa que a subida. Embora não fosse tão cansativa, quem sofreu foram os joelhos e o calcanhar, trabalhando para amortecer os solavancos. Peguei um galho caído no chão e o transformei num bastão, um terceiro ponto de apoio; melhorava a segurança.

No pé da montanha, ao lado da cabana da mãe da garota, sentamos para descansar. Ela gentilmente se propôs a limpar minhas botas, que a lama encobria quase até o cano. Ferreira entrou num tanque raso e lavou as sandálias. Pensei em dar uma gorjeta, mas, por gentileza, perguntei quanto custariam os serviços. Ela fez uma soma, incluindo o trabalho dela e a água utilizada pelo Ferreira, e deu o preço. Não imaginava tão caro, mas pagamos, somando as águas compradas na subida e o valor combinado para a menina mostrar o caminho.

Saímos do parque como entramos: sem ninguém nos importunar. Havíamos alugado a moto por um dia, e ainda tínhamos a metade da tarde. Percorremos outras trilhas, visitamos um pequeno ancoradouro utilizado pelos barcos de pesca, na outra margem da ilha, e voltamos para a vila. Cruzamos para o outro lado e fomos bisbilhotar três pequenas praias localizadas entre os rochedos, um quilômetro a sudeste do "centro".

Conhecidas como Cat Có 1, Cat Có 2 e Cat Có 3, são acessíveis somente a pé. Deixamos a moto num pequeno estacionamento, uma novidade até então, e seguimos uma trilha inclinada que nos levou à beira do mar. De lá, caminhamos por uma estreita passarela de madeira fixada na rocha, sobre as águas. Contornamos a encosta de uma montanha e saímos na praia. Elas são interligadas pelas passarelas aéreas, uma atração a mais em nosso passeio. As águas batiam nas rochas abaixo de nós, levantavam ondas, e as espumas brancas às vezes respingavam em nossas roupas.

As vietnamitas, tanto as moças quanto as adultas, na areia ou no mar, protegiam-se com sombrinhas. Vestiam shorts e blusas, e cobriam o rosto com máscaras. Nos braços, usavam luvas que subiam até as axilas.

— Imaginei que elas usassem máscaras por causa da poluição das ruas de Hanói — comentei com Ferreira. — Mas aqui não faz sentido.

— Ainda acho que deve ter algum significado especial.

Ao devolvermos a moto a Chung, perguntei:

— Por que as mulheres no Vietnã, tanto jovens como senhoras, cobrem os rostos com máscaras?

— Para a pele não ficar queimada pelo sol.

— Mas qual o problema?

— Os homens vietnamitas não gostam de mulheres de pele escura.

— Ah, por isso elas têm a pele tão clarinha, parece até porcelana! — observei.

— Sim, fica mais bonita.

— No Brasil, as mulheres se expõem ao sol para ficarem com a pele bronzeada.

— Nossa, que horror!

— Os homens brasileiros gostam de mulher queimada pelo sol.

— Não! Com a pele escura elas ficam muito feias. Os homens vietnamitas não iriam gostar das mulheres brasileiras.

Passeio na baía

Na manhã seguinte passamos o dia navegando, visitamos lugares por onde não havíamos passado na chegada a Cát Bà. O barco era pequeno, apenas oito passageiros, e o passeio foi agradável. Além do timoneiro, havia um cozinheiro e um auxiliar. Almoçaríamos no meio da baía e voltaríamos ao entardecer.

Mesmo assim, um casal de espanhóis, que conhecêramos no dia anterior e também desejava percorrer a baía por conta própria, reclamou sem parar. Especialmente pelo valor do aluguel do barco. Não conseguimos a quantidade ideal de passageiros, e precisamos pagar um pouco mais do que se fôssemos num *tour* convencional.

Saímos de Bem Beo, um píer a 2 quilômetros da vila — a ilha tinha diversos ancoradouros —, e passamos em meio a uma fazenda de criação de peixes, repleta de casas flutuantes com viveiros embaixo do assoalho, alguns mais largos que a própria casa. Elas serviam de moradia e local de trabalho. Era curioso ver naquelas casas, flutuando nas águas do mar, além dos trabalhadores, mulheres, crianças e cachorros.

Em uma das casas nosso barco pegou cinco caiaques. Seriam utilizados entre as cavernas que serviam de passagem de um lado para outro de algumas ilhotas. Contornamos muitas delas, cada qual mais bonita; os pináculos de rocha saídos do mar tinham formas instigantes. Diferente da chegada a Cát Bà, quando não vimos praias, neste lado da baía havia algumas faixas de areias brancas cobrindo pequenas enseadas.

Foram horas e mais horas navegando por um surpreendente labirinto de ilhéus verdejantes em meio às águas verde-esmeralda. Lá pelas tantas cruzamos por um trecho de mar aberto e o pequeno barco perdeu estabilidade. Subia nas ondas, descia em seus cavados, às vezes adernava um pouco. Mas nada que importunasse nosso banho de sol no convés superior. Da cozinha, vinha cheiro de peixe assado.

Ao meio-dia ancoramos numa parte rasa, um lugar muito bonito. As montanhas ao redor do barco formavam uma meia-lua, e entre elas algumas cavernas ao nível da água davam passagem para o mar aberto. Os caiaques foram jogados nas águas e alguns se aventuraram a remar. Outros, como Ferreira, saltaram e ficaram nadando. O casal espanhol voltou com um dos remos quebrados.

O almoço foi servido: atum assado com arroz e salada de tomates. A tripulação bebeu um destilado de arroz com alto teor alcoólico. Não gostei, preferi uma latinha de cerveja. A maioria bebeu suco de abacaxi.

Navegamos a tarde toda.

Desembarcamos numa grande ilha para visitar outra caverna, no topo da montanha. Na viagem de regresso a Cát Bà visitamos a Ilha dos Macacos. Havia uma estreita formação de areia branca onde pudemos apreciar a natureza com os pés no chão. A floresta, atrás da praia, estava repleta de macacos. Haviam nos informado que os animais eram agressivos, tinham atacado outros visitantes, mas não resistimos: fomos atrás deles para fazer belas fotos.

Na hora de devolver os caiaques, os espanhóis se negaram a pagar pelo remo avariado. Teve início uma grande discussão. Ficamos um bom tempo parados, esperando que resolvessem a situação. Eles não pagavam e a dona dos caiaques não deixava nosso barco sair sem o pagamento. Estávamos atracados a uma casa flutuante, balançando ao ritmo do barco. Os demais passageiros começavam a ficar impacientes.

Depois de muito empurra-empurra, os espanhóis venceram.

Expresso da Reunificação

Viagem entre Ninh Bình e Huê
Distância: 600 quilômetros
Tempo: 13 horas

Pretendíamos seguir para o sul, nossa temporada na ilha maravilhosa havia acabado. Tínhamos visto e feito tudo que podíamos, hora de buscar aventura noutro lugar.

— Queremos ir para Ninh Bình, onde pegaremos o trem para Huê — falei para Chung.

— Não tem problema.

— Como fazemos?

— Há um ônibus do centro de Cát Bà até Phú Long, no lado de lá da ilha, cerca de 30 quilômetros. Em Phú Long vocês pegam o hidrofólio até as docas, em Hai Phòng. Nas docas, há uma van até a rodoviária, onde vocês embarcam noutro ônibus, até Ninh Bình. Em Ninh Bình passa o trem para Huê.

— Onde pegamos esse ônibus?

— Aqui.

— Aqui em frente ao hotel, suponho. Imagino também que você nos consiga todas as passagens.

— Claro que consigo.
— Quanto custa?
— Barato. Quando vão?
— Amanhã cedo.

Acertamos os preços, fizemos os pagamentos junto com as diárias do hotel e a lavanderia. Para diminuir a comissão, que sabíamos viria embutida nos valores fornecidos por Chung, deixamos para comprar a passagem de ônibus de Hai Phòng até Ninh Bình e a de trem de Ninh Bình até Huê quando chegássemos às duas cidades. No mais, estávamos acertados.

— Estejam aqui na calçada do hotel, prontos, amanhã às 9 horas.
— E as passagens?
— Estarei com elas amanhã.

Na hora combinada, Chung estava nos esperando na saída do hotel. O ônibus chegou e ele entregou nossas passagens para o motorista, junto com uma nota de dong.

— Não consegui descobrir o valor da comissão do motorista — falei para o Ferreira.
— Todo esse esquema para não vermos o preço real da passagem, camuflando a comissão do Chung.
— São assim que as coisas funcionam por aqui, melhor relaxar.

No píer em Phú Long, enquanto esperávamos para embarcar no hidrofólio, consegui olhar o valor do bilhete na mão de um vietnamita. Chung havia superfaturado as passagens em 40 por cento, dinheiro distribuído entre ele, o motorista do ônibus, o condutor do hidrofólio e o motorista da van que nos pegou nas docas e nos levou até a rodoviária. Não chegamos a ver as passagens: eles simplesmente nos repassavam de um para o outro, e seguíamos as ordens deles.

As belgas Petra e An, mais um casal suíço, que embarcaram conosco e haviam comprado os bilhetes numa agência de viagens, em Cát Bà, pagaram o dobro do valor real.

— Chung foi bondoso conosco — observou Ferreira, quando fizemos as contas.

— Isso porque sempre pechinchamos com ele.

Os suíços ficaram furiosos.

Atravessar da ilha Cát Bà para o continente no pequeno hidrofólio, chegando a Hai Phòng, um dos maiores portos do Vietnã, foi uma bela aventura. O barco, repleto de passageiros e suas motos coloridas, levantou sobre as águas da baía e menos de uma hora depois estávamos nas docas.

— Em 1972, durante a Guerra Americana, o presidente Richard Nixon ordenou que essas águas fossem minadas para impedir a chegada de armas soviéticas para o Vietnã do Norte — comentei com An, sentada ao meu lado.

— Espero que tenham limpado o porto — ela disse.

— O acordo de paz assinado entre americanos e vietnamitas em 1973 previu essa limpeza, e ela foi realizada por dez barcos dos Estados Unidos.

Embarcamos numa van caindo de velha. Não cabiam todas as pessoas chegadas de Cát Bà, mas eles deram um jeito. Empurra daqui, empurra dali, e lá fomos nós. Os passageiros foram desembarcando nas ruas da cidade e nós fomos levados até a rodoviária.

— Em 1946, os franceses bombardearam Hai Phòng, matando mais de seis mil civis. Esse foi o estopim da Guerra da Indochina, entre vietnamitas e franceses — falei para An.

— Isso eu sabia — ela disse.

Não tínhamos passagens para Ninh Bình, e no guichê ninguém entendia nossas línguas. O motorista da van, que falava um pouco de inglês, se ofereceu para ajudar. Disse que cada bilhete custaria 60 dôngs, algo em torno de 4 dólares. Demos o dinheiro e ele entregou as passagens diretamente ao cobrador do ônibus. Mais tarde descobri que custavam 50 dôngs cada uma.

— Vinte por cento de comissão — comentei com Ferreira.

— Menos que a comissão cobrada pelo Chung.

Esperamos duas horas na rodoviária Niêm Nghia. O ônibus, estacionado à nossa frente, recebia carga e passageiros, mas nada de sair. Tivemos tempo para conversar com Petra, An e o casal suíço. A namorada do suíço usava uma sandália havaiana com a bandeirinha do Brasil na tira, um presente dele, que visitara o país no ano anterior. Foi a senha para nossa aproximação.

Por fim, saímos. O ônibus iniciou a viagem lotado, e mesmo assim outras pessoas embarcaram ao longo da estrada. Havia banquinhos de plástico empilhados num canto e, à medida que os passageiros subiam, pegavam os bancos e se acomodavam no corredor. Logo não cabia mais ninguém, mas continuou entrando gente. Todos com muita bagagem.

O bagageiro externo, sobre o teto, estava cheio, mas novas sacolas, sacos, caixas e até madeira avulsa foram colocados. Em cada parada, para descer ou para subir alguém, o ônibus se demorava além da conta. Havia dois cobradores, um controlava a porta traseira e outro a dianteira. Famílias inteiras, homens, mulheres e crianças, carregados de sacolas, pulavam por cima dos outros até arranjarem um lugar para sentar.

Os seis estrangeiros viajando no ônibus, em contraste com a população rural do país, deixavam tanto eles quanto nós encantados com as diferentes peculiaridades de cada grupo. Foi a mais pitoresca das viagens que fizemos no Vietnã.

Ninh Bình

Chegamos a Ninh Bình no meio da tarde, o corpo dolorido de tanto sacolejar dentro do ônibus. Nossos parceiros europeus ficaram na cidade, nós procuramos a estação ferroviária. Pretendíamos continuar em direção ao sul e Ninh Bình servia somente para pegarmos o trem. O Expresso da Reunificação saía de Hanói e seguia até Saigon, unindo o norte ao sul do país. Queríamos conhecê-lo.

Escolhemos um hotel perto da estação onde tomamos banho, almoçamos e deixamos as mochilas. O recepcionista queria vender uma passagem de ônibus, mas preferimos o trem, embora ele o tenha desqualificado ao máximo.

— Não acredito em nada do que esse cara diz — comentei com Ferreira. — O interesse dele é apenas vender passagens no ônibus porque ganha comissão, o que não deve ganhar com o trem.

Mesmo assim, ficamos desconfiados. Encontramos um turista na rua e perguntamos como havia chegado a Ninh Bình.

— Vim de Huê, de ônibus.

— Estamos em dúvida entre o ônibus e o trem.

— O trem não conheço, mas achei o ônibus claustrofóbico. São dois andares e minha poltrona, na parte de cima, ficou muito perto do teto.

Fomos até a estação de trem buscar informações. A atendente não falava inglês, de pouco nos adiantou. Expliquei o que desejava:

— Duas passagens no carro-leito até Huê.

Compramos as passagens, verificamos as informações constantes no bilhete e fomos caminhar por Ninh Bình, já que o trem partiria apenas às 22 horas. Visitamos a catedral, um interessante prédio, mescla da arquitetura ocidental e oriental, e ficamos à deriva.

Entrei numa barbearia e pedi para que me aparassem o bigode e o cavanhaque. O barbeiro nunca tinha feito aquilo, os vietnamitas não têm uma coisa nem outra. A diversão se completou porque um deles se ofereceu para limpar os ouvidos do Ferreira, isto sim algo muito comum no país. Enquanto nos atendiam, os rapazes e as moças presentes riam e tiravam fotos.

Uma noite no trem

Esperamos um bom tempo na estação até embarcarmos no Expresso da Reunificação. O trem vinha de Hanói e seguiria até Saigon, uma ferrovia com 1.726 quilômetros de trilhos serpenteando ao longo da costa. A construção começou em 1899, um projeto da Indochina francesa, e foi concluída em 1936. Devido à Guerra da Indochina e depois à Guerra Americana, ela esteve fechada durante muitos anos. Em 1975, o restabelecimento da linha ligando o norte ao sul tornou-se um símbolo da união do povo vietnamita, recebendo o nome atual.

Mesmo sendo de grande importância nacional, tanto no transporte de cargas como de passageiros, trata-se de uma das ferrovias mais lentas do mundo, com uma velocidade média inferior a 50km/h. Seguindo na maior parte do tempo paralela à Rodovia 1, a mais importante do país, ligando o sul ao norte, o trem demora mais de 30 horas para fazer o percurso entre as duas cidades. Por ora, desceríamos em Huê, 13 horas depois. Mais tarde, se tudo corresse bem, seguiríamos até Saigon.

Havia dois beliches na cabine, separados por um estreito corredor com uma mesinha abaixo da janela. Um deles estava ocupado por um casal vietnamita com um filho pequeno. Estavam deitados quando entramos e assim permaneceram. Mais tarde ficamos sabendo que vinham de Hanói e iriam até Saigon, estavam em férias. Pelas roupas deles e pelo alto preço da passagem — para os padrões vietnamitas —, via-se logo que se tratava de um casal rico. Mesmo assim, não falavam inglês nem francês.

Acomodamos as mochilas e fui dar uma caminhada pelo trem, ver se encontrava o carro-restaurante. Não achei, apesar de saber que deveria existir um, todo trem possui. Estava cansado e resolvi dormir. A cama estava dura, o colchonete era fino demais. Por sorte,

Mapa com o roteiro da viagem

Estupa típica de Ayutthaya: base redonda

Estupa típica de Sukhothaí: base quadrada apoiada em elefantes, uma influência khemer

Mulher da tribo aka, norte da Tailândia

Mulher Girafa, fronteira da Tailândia com Mianmar

Barco descendo o rio Kok, nosso meio de transporte no norte da Tailândia

Nosso ônibus para a fronteira do Laos

Nosso *barge* descendo o Mekong, no Laos

Desmatamento nas margens do Mekong, no Laos

Aldeia às margens do
Mekong, no Laos

Monge nas ruas de Luang
Prabhang

Hanói

Mausoléu de
Ho Chi Minh

Barbeiro, em Hanói

Norte-vietnamita, em Hanói

Baía Ha Long

Fazendas de peixe na baía Ha Long

Baía Ha Long

Parque Nacional Cát Bà. Ao lado da estrada, com a parede branca, montanha-oca onde havia um hospital durante a guerra. Foto tirada da torre no cume do pico Ngu Lam, com 225 metros de altitude

Ilha dos Macacos, na baía Ha Long

Barbeiro, em
Ninh Binh

Portal da Cidadela,
em Hue

Mulher em Hue
com a popular
roupa vietnamita

Presa de guerra, em Hue

Turista visitando o local da antiga base de Khe Sanh

Túneis vietcongues em Vinh Moc, iluminados pelo flash da câmera do Ferreira

Jogadores brasileiros dos times que disputaram a final do campeonato vietnamita:
Lima, Robson, Molina, Eduardo, Almeida. Embaixo: Fábio, Kesley e Rogério

Hôi An

Pescador pescando sem anzol

My Son

Canoeiro no rio Thu Bon, em Hôi An

Agricultor levando ervas aromáticas para o mercado em Hôi An

Colegiais no interior do Vietnã

Memorial My Son, homenagem às vítimas do Massacre de My Lai

Ho Chi Minh

Mercado Ben Thanh, no centro de Ho Chi Minh

Tanque chinês T59, do mesmo modelo da série 390, utilizado para invadir o Palácio da Independência em 30 de abril de 1975

Superponte para pequenas motos

Mercado flutuante, em Chau Doc

Vila no delta do Mekong

Delta do Mekong perto da fronteira com o Camboja

os vietnamitas dispensaram os cobertores e os fiz de lençol, deixando o estrado mais confortável.

Fiquei preocupado, talvez a criança chorasse durante a viagem, prejudicando a noite de sono. Mas não, o garoto se comportou bem, nem parecia haver uma criança conosco. Os pais eram simpáticos e o único inconveniente foi deixarem a luz da cabine acesa. Tão logo notei que haviam dormido, apaguei a lâmpada.

Paramos em Vinh, quatro horas após termos saído de Ninh Bình. Desci do trem e fiquei apreciando o movimento das pessoas, umas embarcando, outras descendo. A cidade fora destruída duas vezes, uma pelos franceses e outra pelos americanos. Os bombardeios da Força Aérea deixaram apenas dois edifícios em pé, matando milhares de civis. Foi nesta região que o maior número de aviões e pilotos dos Estados Unidos foram abatidos em todo o norte do país. A cidade foi totalmente reconstruída e conta com quase 300 mil habitantes.

Acordamos pela manhã despertados pelo vendedor de café. Como não tínhamos encomendado nada, ficamos sem desjejum. O casal vietnamita, muito gentil, notando a situação, ofereceu pão e frutas. Foi a salvação, nossas bolachas haviam acabado no meio da noite.

Em pé, olhando pelas janelas do trem, apreciávamos a paisagem, lavouras e mais lavouras de arroz cultivadas por homens e mulheres com seus chapéus cônicos. Caminhando pelos corredores, acompanhamos a movimentação dos passageiros que desciam nas pequenas cidades ao longo da ferrovia. Apesar de mal ter escovado os dentes e lavado o rosto rapidamente, pois o mau cheiro dos banheiros não permitia uma higiene mais completa, a viagem de trem me deixava feliz.

Cruzamos a ponte sobre o Ben Hai, cujo vale separava o Vietnã do Norte do Vietnã do Sul. Embora chamada de Zona Desmilitarizada, a faixa de 5 quilômetros em cada margem se tornou a região mais militarizada do Vietnã, onde estavam instaladas as principais bases americanas, uma linha formada para impedir o exército do Vietnã do Norte de suprir os vietcongues no lado sul. Um pouco depois cruzamos a famosa Rodovia 9, em Dông Ha. Pelas janelas do trem podíamos ver inúmeros cemitérios militares; americanos e vietnamitas.

Aproveitei as horas que ainda me restavam na viagem para dar uma olhada no resumo que fizera sobre a guerra, ainda no Brasil, a partir de informações colhidas em livros e na Internet, especialmente no site da Wikipédia. Havia acrescentado no rascunho algumas observações colhidas durante a viagem. Aos poucos, o quebra-cabeça estava sendo montado.

O envolvimento dos Estados Unidos no Sudeste Asiático, iniciado nos anos 1950 com o envio da ajuda aos franceses, cresceu a partir de 1960. Na disputa com a União Soviética pela hegemonia política mundial, durante a Guerra Fria, a Casa Branca temia que o Vietnã do Sul caísse nas mãos dos comunistas do Vietnã do Norte, aliados aos soviéticos.

O apoio logístico do Vietnã do Norte aos guerrilheiros vietcongues tinha um papel significativo, mas o ponto central era o despreparo do governo sul-vietnamita em defender o seu território. Os assessores de John Kennedy recomendaram o envio de soldados disfarçados de funcionários da defesa civil, mas o presidente rejeitou a ideia. Preferiu aumentar a assistência técnica. Na metade de 1962, o número de conselheiros militares no Vietnã do Sul havia aumentado de 700 para 12 mil.

Além dos vietcongues, Saigon começou a enfrentar outro problema: soldados do exército regular do Vietnã do Norte cruzaram o rio Ben Hai, através da trilha Hô Chí Minh, e passaram a atacar alvos no território do Vietnã do Sul. Pegos de surpresa, milhares de soldados desertaram em poucos meses.

Em 1964, o destróier USS *Maddox*, em missão de espionagem ao largo da costa do Vietnã do Norte, alegou ter sido bombardeado por barcos vietnamitas no golfo de Tonquim. Um segundo ataque de lanchas torpedeiras foi noticiado nos dias seguintes, dessa vez envolvendo o USS *Turner Joy* e o *Maddox*, na mesma área.

Essa nova ofensiva apressou os congressistas a aprovar a Resolução do Golfo de Tonquim, que dava a Lyndon Johnson poderes para "tomar todas as medidas necessárias para repelir qualquer ataque armado contra as forças dos Estados Unidos e prevenir futuras agressões". O presidente não precisava mais de autorização do Congresso para levar adiante sua política militar no Vietnã.

A guerra começou oficialmente em 31 de janeiro de 1965, quando foram dadas ordens a um esquadrão de F-105, baseado no Japão, para que se transferisse para a base aérea de Dà Nang, 110 quilômetros ao sul de Huê. No dia seguinte, 49 caças levantaram voo de Dà Nang para atacar o Vietnã do Norte, mesmo que uma declaração de guerra por parte dos Estados Unidos nunca tenha sido feita.

A campanha, que tinha inicialmente por objetivo obrigar o governo de Hanói a suspender o apoio aos vietcongues, ampliou-se. Nos anos seguintes, foram bombardeadas todas as estradas e pontes ferroviárias do país, bem como Hanói e 4 mil das 5.788 vilas vietnamitas. Os bombardeios se deram também no sul, onde havia alvos militares dos vietcongues, além da trilha Hô Chí Minh, que em diversas partes de sua extensão cruzava pelos territórios do Laos e do Camboja.

O objetivo dos ataques aéreos, porém, nunca foi alcançado. Mesmo assim, o chefe do estado-maior da Força Aérea, Curtis LeMay, que há tempos pregava que o Vietnã do Norte fosse saturado de bombas, escrevia: "Vamos bombardeá-los até fazê-los regredir à Idade da Pedra."

O comando militar decidiu que as bases precisavam de mais proteção; o exército sul-vietnamita era incapaz de fazer a segurança adequada. Em março de 1965, as primeiras tropas americanas — 3.500 fuzileiros navais — desembarcaram no porto de Dà Nang, marcando o início da guerra terrestre.

A decisão teve amplo apoio entre o povo americano, para quem a operação se baseava na premissa de que o Vietnã era parte de um esforço global para combater o comunismo internacional, uma ameaça ao *american way of life*. Respaldado pela opinião pública, o presidente Lyndon Jonhson não parou mais de enviar soldados. Em dezembro de 1965, eram 184.300; no final de 1967 eram 485.600 soldados. Pelo lado sul-vietnamita, o exército tinha 1,3 milhão de combatentes.

A missão inicial era defensiva, mas os americanos haviam sido treinados para guerras ofensivas; a estratégia não funcionou. As forças sul-vietnamitas, no front, sofreram derrotas com pesadas baixas, aumentando as deserções, ao contrário do que esperava Washington.

O general William Westmoreland, comandante americano no Vietnã, sugeriu ao comando das forças dos Estados Unidos no Pacífico que partissem para o ataque: "Estou convencido de que nossas tropas, com sua energia, mobilidade e poder de fogo, podem assumir a luta contra a Frente Nacional de Libertação com sucesso". Um plano de três fases, destinado a vencer a guerra até 1967, foi enviado ao presidente.

Aprovado por Lyndon Johnson, o programa provocou uma profunda mudança na antiga visão da Casa Branca de que o governo do Vietnã do Sul era quem deveria derrotar as guerrilhas comunistas. Mas Johnson não comunicou essa nova estratégia à opinião pública, continuando a enfatizar a guerra de prevenção.

Os soldados americanos passaram a caçar as milícias vietcongues, atacadas com armamento pesado, inclusive bombas químicas, como napalm. Eles controlavam o interior do Vietnã do Sul de dia, mas os guerrilheiros retomavam o controle à noite. Mesmo não tendo artilharia de grande porte, impunham grandes baixas usando, com precisão, minas e armadilhas na selva. Os fuzileiros agrediam indiscriminadamente, atingindo a população civil nas aldeias e fazendo os familiares dos mortos e feridos se unirem aos vietcongues.

Seguindo a política de "conquistar corações e mentes", idealizada por John Kennedy anos antes, o Vietnã do Sul foi inundado por bens manufaturados americanos. A injeção de produtos e dólares transformou a economia e causou profunda impressão na sociedade, trazendo também uma grande onda de corrupção. Saigon foi invadida por civis "especialistas" em todas as áreas de conhecimento, para aconselhar o governo e melhorar a política econômica.

Com a intenção de internacionalizar a guerra, Washington solicitou aos aliados na região que contribuíssem com tropas. Austrália, Nova Zelândia, Coreia do Sul, Tailândia e Filipinas concordaram. Mas os grandes parceiros da OTAN (Organização do Tratado do Atlântico Norte), principalmente Canadá e Inglaterra, decidiram permanecer de fora. Lyndon Johnson chegou a solicitar colaboração de tropas ao Brasil, rejeitada pelo general-presidente Humberto Castelo Branco.

A situação política no Vietnã do Sul começava a se estabilizar com a chegada ao poder, em 1967, de Nguyên Van Thiêu. O novo governo encerrava uma longa sequência de juntas militares iniciada com o assassinato de Ngo Dình Diem, o "homem milagroso" do presidente Dwight Eisenhower. A nova ordem permitiu ao exército colaborar de maneira mais efetiva com os aliados e a se aprimorar como força de combate.

A administração Lyndon Johnson tinha uma "política de sinceridade mínima" com a imprensa. Ela dirigia a cobertura da mídia enfatizando histórias de progresso na guerra, tática que despertou a desconfiança do público. À medida que a cobertura jornalística e as notícias do Pentágono começaram a divergir, a credibilidade caiu mais ainda. Em Washington, manifestantes antiguerra lançaram o canto que se tornaria comum nos protestos vindouros: *Hey, Hey, LBJ! How many kids did you kill today?*

Huê

Altitude: 10m
Latitude: 16° 27' 58.56"
Longitude: 107° 34' 48.73"
Distância de Porto Alegre: 17.389km

Chegamos a Huê perto do meio-dia. Um táxi nos levou ao hotel DMZ, no centro da cidade. Ao lado havia o bar DMZ, e a principal operadora de turismo também se chamava DMZ, a abreviatura em inglês para *Desmilitarised Zone*. Queríamos conhecer a antiga capital imperial do Vietnã, cuja Cidadela era classificada como Patrimônio da Humanidade, e usar a cidade como base para visitarmos os locais históricos ao longo da Zona Desmilitarizada.

Phú Xuan foi construída em 1687, a 5 quilômetros do atual centro de Huê. Em 1744, Phú Xuan tornou-se capital da parte sul do Vietnã, então governada pelos Nguyên. Os rebeldes Tay Son, aqueles que dividiram o Vietnã em três, ocuparam a cidade entre 1786 e 1802, quando os Nguyên retomaram o poder e Nguyên Anh intitulou-se imperador Giá Long — lembram-se dele? —, fixando a capital imperial em Huê.

Em 1885, quando os vietnamitas se revoltaram, o exército francês cercou e atacou Huê, destruiu parte da cidade e matou milhares de civis. Eles tocaram fogo na Biblioteca Nacional, que ardeu durante três dias. No palácio real, saquearam todos os objetos que podiam ser carregados, de peças de ouro e prata a mosquiteiros e palitos de dente. O imperador Ham Nghi, então com 13 anos, fugiu para o Laos, mas foi capturado e exilado na Algéria. Em seu lugar, os franceses colocaram um imperador-fantoche.

Passamos a tarde caminhando pela cidade. Visitamos a catedral de Notre Dame e a Escola Nacional, onde estudaram grandes líderes vietnamitas, entre eles os lendários Vo Nguyên Giap, que expulsou definitivamente os franceses em Diên Biên Phú, e o próprio Hô Chí Minh. Dispensamos a visita ao museu Hô Chí Minh. Cada cidade tinha um, o culto à personalidade do grande general extrapolava nossa curiosidade.

Terminamos o dia no mercado Dông Ba, onde compramos chapéus cônicos, símbolos do país. Apesar da demorada pesquisa e de uma grande pechincha na banca mais barata, onde pagamos a metade do valor inicial, descobrimos mais tarde que eles nos custaram o dobro do preço cobrado aos vietnamitas. Mas usá-los foi uma ótima ideia. Além de proteger do sol, seu formato não esquentava a cabeça, ao contrário dos nossos bonés.

Precisávamos jantar, mas ainda estávamos longe do hotel. A noite estava agradável e resolvemos entrar num restaurante às margens do rio Perfume, com a famosa ponte iluminada ao fundo. Havia mesinhas na rua, sob as árvores, tomadas de jovens alegres comendo e bebendo, um lugar convidativo.

O problema era o cardápio, escrito em Quôc Ngu. Pedimos duas cervejas e, enquanto a garçonete foi buscar as Bia Hoi, tratamos de decifrar o enigma.

— O único prato que entendo desta riscalhada — falei ao Ferreira — é *nem*.

— Ah, aqueles enroladinhos, chamados no Brasil de rolinhos-primavera, que já comemos em outros restaurantes?

— Isso mesmo.

— Manda vir.

O *nem* foi uma das comidas mais populares encontradas no Vietnã. Mudava de nome dependendo do lugar, mas conservava o prefixo *nem*. O enroladinho é feito com papel de arroz e recheado com carne moída de porco, peixe ou caranguejo e temperado com pimenta, cebola, cogumelos, ovos e, claro, como tudo que se come no país, com molho de peixe. Depois de enrolado, é frito e servido com alface, pepino e ervas aromáticas.

A garçonete colocou embaixo da mesa uma caixa com algumas garrafas de cerveja e sobre a mesa um isopor com gelo. A exemplo dos outros clientes, tomamos a Bia Hoi misturada com gelo, uma tradição local. Além de deixá-la mais fraca, tem a vantagem de estar sempre gelada.

Cidade Imperial

Na manhã seguinte alugamos duas bicicletas e fomos conhecer a Cidade Imperial. No começo, tivemos alguma dificuldade em pedalar no caótico trânsito de Huê. Não há preferência para os ciclistas. A ordem, como para os motoqueiros, é avançar quem chegar primeiro. Precisávamos coordenar a velocidade de acordo com os espaços que surgiam; às vezes quase parávamos ou fazíamos pequenas voltas para logo nos enfiarmos no fluxo novamente.

Quase não há transporte coletivo; cada morador precisa ter seu próprio veículo, o que explica a grande quantidade de motos e bicicletas pelas ruas, por si sós já abarrotadas de pedestres. Há também muitos *cyclos*. Dava pena ver os homens pedalando os riquixás subida acima, empurrando um carrinho com dois ou até três passageiros.

Quando surgia algum carro, o motorista dirigia como se estivesse sozinho no trânsito, sem levar em conta os veículos menores. Se uma bicicleta parasse por completo, não sairia mais do lugar, acabaria cercada por outras em movimento. Perigoso, mas a melhor forma de entrar no clima dos costumes locais.

Alguns sustos depois cruzamos a bela ponte sobre o rio Perfume e saímos na parte norte de Huê. Pedalamos um pouco mais, passamos uma pequena ponte e entramos na enorme área murada. Além dos 10 quilômetros de muro, ela é protegida por um fosso no lado externo, com 4 metros de profundidade e 30 de largura.

Mandada construir em 1804 pelo imperador Giá Long, ela serviu de abrigo para a dinastia dos Nguyên até 1945. Existiam dez portões fortificados que davam acesso ao interior, onde estavam a Cidadela, a Cidade Púrpura Proibida e a fortaleza Mang Ca, ainda utilizada como base militar. Nas ruas laterais, casas de moradia, pequeno comércio e algumas pousadas. A área é amplamente arborizada, e pedalar entre o verde do parque foi muito agradável.

Logo na entrada da Cidade Imperial havia uma exposição com tanques e canhões capturados aos americanos no final da guerra. Vimos esse tipo de museu ao ar livre em quase todas as cidades, propaganda descarada do governo, que usa a vitória na guerra para unir o povo em torno de si e justificar a forma ditatorial como governa o Vietnã.

Chamavam a atenção, além de conhecermos a artilharia e os veículos militares tão comuns no cinema, as placas de identificação de cada peça. Além de informar que o armamento foi "capturado pelo exército e povo do Vietnã", elas indicavam o modelo, ano e local de procedência. Salientavam que haviam sido fabricadas e utilizadas pelos inimigos estrangeiros e seus fantoches locais, referência ao exército do Vietnã do Sul.

— Isso significa que a tal reunificação, de que tanto se vangloriam os políticos, nada mais foi do que uma anexação — comentei com Ferreira.

Junto a um dos muros da Cidade Imperial estava a Torre da Bandeira. Com 37 metros, a mais alta do Vietnã, foi construída em 1809. Quando os vietcongues tomaram Huê em 1968, a bandeira da Frente de Libertação Nacional tremulou no mastro durante três semanas e meia, até ser substituída por uma bandeira do Vietnã do Sul.

Deixamos a Torre da Bandeira, cruzamos um enorme pátio e entramos na Cidadela pelo portão Ngo Mon. Ela é cercada por 2,5 quilômetros de muros com 6 metros de altura, uma fortaleza dentro da fortaleza. Sobre o portão, visitamos o palácio Ngu Phung, onde o imperador aparecia em ocasiões especiais. Nesse local, em 1945, Bao Dài abdicou, entregando o poder ao novo governo criado por Hô Chí Minh. Mais tarde, os franceses recolocariam Bao Dài no posto.

Na Cidadela fizemos um belo passeio por entre os diversos prédios do governo imperial, entre os quais se destacam o Palácio da Suprema Harmonia, o Portão do Meio-Dia, a biblioteca, o teatro, o palácio da imperatriz-mãe, os vestíbulos dos mandarins e as enormes urnas dinásticas fundidas em bronze, com cerca de duas toneladas cada uma. Há também locais abertos para as grandes solenidades, templos, residências, escolas, passarelas, lagos, museus, pavilhões, pagodes e muitos jardins, um local encantador.

O calor era intenso, a brisa queimava. Procurávamos andar pela sombra dos prédios, amenizava um pouco. Mas entre um palácio e outro, entre um templo e outro, havia longos caminhos a percorrer, não dava para fugir do sol. Às vezes, Ferreira se demorava numa foto e nos separávamos. Mais adiante, nos reencontrávamos. Havia alguns quiosques, onde vendiam água e sucos. Bebê-los só aumentava o desconforto, pois transpirávamos cada vez mais. Mas não resistíamos a litros e mais litros de água mineral.

Entramos no teatro por uma porta lateral, aberta. Não havia controle, ninguém que nos detivesse.

— Precisamos pagar — disse Ferreira.

— Deve ser de graça.

Pensei mesmo que o show musical, apresentado no palco, fosse de graça. O prédio tinha ar-condicionado, e foi um alívio sentar nas cadeiras almofadadas. Escolhemos um lugar bem na frente e nos aboletamos. A música era bonita, os bailarinos, com suas máscaras, muito interessantes. Mas o melhor era o ar-condicionado.

— Por favor, os ingressos — pediu um funcionário, procurando demonstrar alguma simpatia.

— Ingressos? — perguntei.

— Sim.

Levantamos e fomos embora. Sem olhar para trás.

— Que chato — exclamou Ferreira.

— Ninguém nos conhece.

— Sim, mas ficou chato.

— Ninguém nos conhece.

Por fim, entramos na Cidade Púrpura Proibida, onde ficava o palácio residencial do imperador e onde só eram permitidas a entrada dele, de suas concubinas e de serviçais eunucos. O tamanho descomunal, a beleza arquitetônica e o luxo encontrado nos interiores dos palácios davam uma ideia do fausto em que viviam os nobres vietnamitas.

Encontramos também ruínas, muitas ruínas. Embora os trabalhos para a restauração, e em alguns casos reconstrução, estivessem adiantados, muito foi danificado durante as guerras com os franceses e os americanos.

Por falar em guerra...

Ofensiva do Tet

Em 1967, a guerra havia chegado a um impasse. O exército do Vietnã do Norte e seus aliados vietcongues estavam contidos pela superioridade militar americana. Os estrategistas em Washington acreditavam na vitória nos próximos meses.

Em Hanói, por sua vez, os militares, reconhecendo o poder de fogo dos Estados Unidos, mudaram de tática: concentraram-se na propaganda. Avaliaram que o ponto fraco do inimigo era a opinião pública, que começava a ficar impaciente com a guerra. Hô Chí Minh convocou uma reunião para definir uma nova estratégia, queria retomar a iniciativa do conflito. Os ataques deveriam ser os mais amplos possíveis. Esperavam uma grande reação quando os americanos vissem subir, de forma acentuada, suas baixas em combate, aumentando a oposição antiguerra no mundo.

No dia 31 de janeiro de 1968, o exército do general Vo Nguyên Giap e os vietcongues quebraram a trégua que tradicionalmente acompanhava o Tet, o maior feriado nacional do Vietnã. Coincidindo com o Ano-novo no calendário lunar, é como se no Brasil festejássemos, além do Ano-novo, o Natal e a Independência, tudo no mesmo dia.

Os militares desfecharam, de surpresa, uma ofensiva maciça contra as forças americanas e sul-vietnamitas; esperavam provocar um levante nacional. Atacaram simultaneamente mais de cem cidades no Vietnã do Sul, incluindo o quartel-general do comandante William Westmoreland e a embaixada dos Estados Unidos, em Saigon, onde havia mais de quatro mil vietcongues misturados à população urbana.

A embaixada foi atacada por um grupo de 15 guerrilheiros, que se entrincheiraram no pátio após explodirem uma parede. Mostrada pela tevê, a escaramuça levou seis horas, no fim das quais todos os vietcongues foram mortos pelos fuzileiros. Uma das batalhas urbanas mais sangrentas e longas de toda a ofensiva, no entanto, deu-se em Huê.

Batalha de Huê

A Batalha de Huê, como entrou para a história, durou mais de um mês e foi travada por 2.500 fuzileiros navais, apoiados por tropas do Vietnã do Sul, contra mais de 12 mil soldados do exército regular do Vietnã do Norte e seus aliados vietcongues.

Devido à grande importância estratégica, situada a 75 quilômetros ao sul da Zona Desmilitarizada, Huê deveria estar preparada para conter as ofensivas do norte, mas não estava. Em parte porque os estrategistas militares no Pentágono haviam concentrado suas forças na defesa da base em Ken Sanh, então sob cerco, e também porque esperavam que vietcongues e norte-vietnamitas não abrissem uma nova linha de ataque durante o feriado do Tet.

Aconteceu exatamente o contrário.

Nas primeiras horas da manhã, tropas norte-vietnamitas e vietcongues atacaram o quartel-general do exército do Vietnã do Sul na Cidadela, além de penetrarem na parte nova da cidade, ao sul do rio Perfume. Outras unidades atacaram ao norte, na margem oeste do rio, em direção ao complexo de Mang Cu. Simultaneamente, outro regimento atacava o quartel-general da assistência militar norte-americana, na parte sul da cidade.

Uma equipe de sabotadores, formada por quatro homens vestindo uniformes do exército do Vietnã do Sul, infiltrou-se no portão oeste da Cidade Imperial, matou as sentinelas e abriu a fortaleza para a invasão norte-vietnamita. Tomaram a parte norte do complexo e o quartel-general da divisão sul-vietnamita, erguendo a bandeira vietcongue na Torre da Bandeira.

Nos arredores de Huê, os fuzileiros navais americanos protegiam a base aérea de Phú Bai, a Rodovia 1 e as estradas da parte oeste.

Para tentar reverter a situação, tropas sul-vietnamitas aquarteladas ao norte de Huê se dirigiram para a cidade, mas foram obrigadas a parar e se entrincheirar 400 metros antes da entrada dos portões, contidas pela resistência norte-vietnamita. Apenas no dia seguinte, um novo regimento sul-vietnamita, chegando em reforço, conseguiu penetrar na Cidadela ocupada, sofrendo pesadas baixas.

Outros três batalhões que tentavam avançar para Huê pelo oeste foram detidos na margem do rio e obrigados a pernoitar fora dos portões da Cidade Imperial. Sofreram uma tentativa de cerco pelo sudeste, sendo obrigados a recuar para escapar à armadilha. Um dos batalhões, no entanto, permaneceu cercado às portas de Huê por vários dias.

No sul da cidade, uma coluna de tanques tentou atravessar a ponte sobre o rio Perfume, mas recuou quando um foguete antitanque destruiu um deles, matando o comandante da coluna. Diante da situação, o comando sul-vietnamita solicitou apoio aos fuzileiros navais em Phú Bai, que enviaram um batalhão.

Na mesma hora em que as forças norte-vietnamitas atacaram Huê, foguetes e granadas de morteiros haviam caído na pista do aeroporto de Phú Bai, forçando a retirada americana. Unidades de infantaria do exército norte-vietnamita atacaram pelotões de fuzileiros no rio Truoi e no setor de Phú Loc. Contra-atacadas pelos fuzileiros, resistiram, colocando os marines em posição defensiva ao longo do rio, enfraquecidos pelo fato de uma de suas companhias de infantaria ter sido destacada para Huê.

Ao se aproximarem dos subúrbios ao sul de Huê, os fuzileiros da companhia foram atacados por franco-atiradores, sendo obrigados a revistar casa por casa à procura de rebeldes. Em seguida, o comboio enfrentou tiroteios nas ruas. Apenas no meio da tarde conseguiram chegar ao complexo americano, obrigando os inimigos a recuarem.

Ao tentar cruzar o rio Perfume em direção à Cidade Imperial, a coluna de fuzileiros, reforçada por três tanques, muito pesados para a estrutura da ponte, e alguns tanques leves sul-vietnamitas, cujos tripulantes se recusaram a prosseguir pela escassa blindagem, foi recebida a metralhadora. Após a morte de vários fuzileiros e muitos feridos, a coluna recuou.

A retirada foi difícil. Os norte-vietnamitas, entrincheirados nos edifícios próximos e atirando de cada um deles, feriram e mataram muitos americanos, que precisaram usar veículos civis abandonados como ambulâncias. No começo da noite, os fuzileiros enviados para atacar os comunistas se limitavam a uma posição defensiva. A esta altura, o comando americano ainda não tinha a noção exata da situação em Huê.

No dia seguinte, as tropas tentaram um novo ataque, agora a partir de sua base no complexo americano, mas foram obrigadas a recuar após a destruição de um de seus tanques e pelo fogo de franco-atiradores. Os sul-vietnamitas, por sua vez, obtiveram maior sucesso: conseguiram retomar o aeroporto. Mas a Cidadela continuava ocupada.

Chegaram reforços, tentando cortar as linhas de suprimento norte-vietnamitas ao norte, e a batalha se tornou uma guerra urbana por mais de um mês. Durante três semanas, as tropas aliadas enfrentaram grande resistência nas ruas, disputando quarteirão por quarteirão dentro da Cidade Imperial. Muitos dos fuzileiros e dos soldados do exército não tinham experiência em guerra urbana, nem em combate corpo a corpo, especialidade dos vietcongues. Apesar da superioridade em armas, a muito custo conseguiam o recuo dos "Charlies".

Devido à importância cultural e religiosa de Huê, os aliados receberam ordens de não bombardear a Cidade Imperial com aviação ou artilharia, para não destruir suas estruturas históricas. Com a crescente intensidade da batalha, no entanto, essa política foi revogada.

VIETNÃ PÓS-GUERRA

Os vietcongues usavam franco-atiradores escondidos em prédios ou buracos no solo e instalaram dezenas de ninhos de metralhadoras pelas ruas e construções. Faziam contra-ataques locais noturnos e matavam os soldados com armadilhas de explosivos, algumas escondidas sob cadáveres; tudo frente às câmeras de tevê.

No final de fevereiro a luta havia se concentrado na Cidadela, a essa altura bombardeada por jatos com bombas de napalm. Após tomarem um dos palácios, depois de sangrento combate, tão logo os fuzileiros hastearam a bandeira dos Estados Unidos receberam ordens para retirá-la. A lei proibia que bandeiras estrangeiras fossem hasteadas em áreas públicas sem a correspondente bandeira sul-vietnamita ao lado. Os fuzileiros se recusaram a cumprir a ordem, ameaçando atirar em seus próprios oficiais. Trocaram a bandeira somente quando chegaram ordens do Estado-Maior.

Em 24 de fevereiro de 1968, a Cidadela foi retomada. Os soldados do Vietnã do Sul retiraram da Torre da Bandeira o pavilhão vietcongue azul, vermelho e com uma estrela dourada no centro, hasteado em 31 de janeiro. Alguns dias depois, os norte-vietnamitas abandonaram completamente Huê.

Houve um grande número de mortes entre civis, devido aos massacres cometidos pelos soldados norte-vietnamitas durante o mês em que ocuparam a antiga capital. Eles entravam de casa em casa em busca de pessoas constantes numa lista previamente preparada, incluindo comerciantes, intelectuais, funcionários do governo, monges e padres. Essas pessoas, sem acusação formal e sem oportunidade de se defenderem, eram presas, torturadas e fuziladas; algumas eram queimadas vivas.

Nos anos seguintes ao término da guerra foram encontradas sepulturas coletivas com mais de 2.800 corpos, moradores assassinados por serem considerados uma ameaça à vitória comunista. Algumas dessas vítimas, no entanto, foram mortas por soldados sul-vietnamitas, acusadas de terem colaborado com o inimigo.

Conheci o jovem advogado André Zipperer em Curitiba, alguns anos atrás, durante a inauguração de uma nova loja da Livrarias Curitiba. Participei do evento junto com o jornalista André Bueno, o Peninha. Ele falou a respeito dos seus best-sellers sobre a descoberta do Brasil, eu palestrei sobre meus livros de viagens. No final do encontro, André me procurou para dizer que era meu leitor e que também viajava muito.

— Minhas viagens não são tão radicais como as suas — disse ele. — Mas também não são das mais tradicionais. Sempre gosto de um pouco de aventura.

André Zipperer preparava uma visita à África para aquele ano, e no verão seguinte pretendia visitar o Sudeste Asiático.

— Quando voltares do Vietnã — pedi —, me passa alguma dica, em breve percorrerei o país.

Antes da minha viagem, escrevi para o André perguntando se acontecera algo especial no Vietnã. Ele me enviou um e-mail com diversas sugestões, entre elas uma em Huê:

"Quando estiver visitando a Cidadela, casa dos antigos imperadores, faça o seguinte: quando você entra, se for pelo lado esquerdo, vai passar um portão grande, onde estão as urnas antigas. Chegará então a um gramado enorme e deserto, onde só se vê, ao meio, uma mesa de pedra com um banquinho ao lado. Procure junto a um dos pés da mesa uma granada intacta que encontrei quando estive lá. Escondi bem direitinho, embaixo dessa mesa, junto a um dos pés."

Tínhamos uma missão na Cidadela, e voltamos no dia seguinte para realizá-la. Pagamos novamente para entrar no lugar histórico e, cópia do e-mail na mão, como caçadores de tesouro, seguimos a orientação do André.

— Vamos pelo lado esquerdo — disse ao Ferreira. — Precisamos encontrar o portão que leva às urnas.

— Deve ser aquele lá.

Era, assim como as urnas. Caminha pra cá, caminha pra lá, encontramos a dita mesa. Estava em meio a um capinzal, ver embaixo dela era difícil. Havia ainda muitas bombas não detonadas entre os escombros da Cidadela, e os visitantes eram orientados a não se afastarem das trilhas sinalizadas. Precisávamos ter cuidado com as granadas e com os guardas.

— Disfarça — falei ao Ferreira.

Com uma vara na mão, ele cutucava aqui e ali. Uma senhora que passeava pelos arredores, com duas câmaras fotográficas penduradas no pescoço, veio perguntar do que se tratava. Estávamos no meio do campo, longe dos prédios históricos.

— Vimos uma cobra — expliquei.

— Ah, uma cobra.

Afastou-se um pouco decepcionada. Ao longe, ainda gritou:

— Tenham cuidado.

— Teremos.

A mentira tinha um fundo de verdade: o brejo embaixo da mesa estava cheio de ovos de cobra, todos descascados. Com mais cuidado ainda — seguindo o conselho da turista japonesa —, enfiamos as mãos entre as ervas e pequenos destroços, pedaços de cerâmica de algum vaso destruído pelos bombardeios americanos, mas nada encontramos. Vasculhamos o local por um bom tempo, e nada. Por fim, desistimos. Alguém devia ter encontrado a granada e a removido.

Deixamos a guerra de lado e voltamos para o centro da cidade, tomar uma cerveja no bar DMZ. O calor estava demais. Logo anoiteceu e nossa atenção foi despertada por um grupo de rapazes numa das mesas. Usavam bonés com a aba virada para trás, *uma dessas manias bem brasileiras.*

Ferreira vestia a camisa da seleção brasileira de futebol, o que também chamou a atenção dos rapazes. Um deles se aproximou e perguntou, em espanhol, se éramos do Brasil.

— Somos — respondeu Ferreira.

— Meu nome é Gastor Molina, sou argentino, mas todos esses caras são brasileiros — ele disse, apontando para a mesa.

Foi uma grande festa. Eles jogavam no time de futebol de Dà Nang e pela tarde haviam disputado uma partida em Huê, contra a equipe local, pela primeira divisão da liga nacional vietnamita. Entre eles estava José Emídio de Jesus de Almeida, goleador do campeonato, Eduardo Henrique Furrier, outro atacante, Robson Augusto Gonçalves Dias, zagueiro, e Rogério Machado Pereira, meio-campista. Foi uma alegria ouvir outras pessoas falando português, e eles também ficaram contentes em nos encontrar. Mas quem fez a maior festa foi o argentino.

— Ele é muito engraçado — comentei.

— O Molina? — perguntou Almeida.

— Sim.

— Ele só fala espanhol. Mesmo assim, conversa com todo mundo e quer que as pessoas entendam o que ele diz — explicou Eduardo.

Em seguida Molina, meio-atacante, 31 anos, saiu dizendo que iria tentar a sorte no cassino em frente ao DMZ. Minutos depois voltou com uma mascada de dinheiro: havia ganho mais de 3,5 mil dólares na roleta. Pagou uma rodada para todos nós.

— *Viva las chicas!* — foi o brinde sugerido pelo argentino.

— Você toma chimarrão? — perguntei.

— *Claro que sí.*

— Como consegue erva-mate?

— *Ahora no tengo más.*

— Bueno, nós temos 3 quilos. A bomba estragou e paramos de tomar. Vou te regalar os pacotes.

— *Gracias.*

— Estão a passeio? — perguntou Almeida.

— Somos jornalistas. Estamos aqui para escrever um livro sobre o Vietnã. Ferreira é fotógrafo.

— Estão gostando do país?

— Muito.

— O problema é a comida, né? Muito apimentada.

— No começo passamos sufoco, mas agora estamos aprendendo a pedir os pratos certos. E vocês, como se dão com a alimentação?

— É complicado — respondeu Rogério. — Mas a gente se acostuma.

— Você está há quanto tempo no Vietnã?

— Em setembro fará cinco anos.

— De que cidade você vem?

— Sou de Belford Roxo, no Rio de Janeiro.

— Qual a sua idade?

— Tenho 29 anos.

— Em quais clubes você jogou antes de vir para Dà Nang?

— Joguei no Flamengo, do Piauí; no Caxias, do Maranhão, e no Guaratinguetá, de São Paulo, entre outros.

— Qual a classificação do Dà Nang?

— Vamos encerrar a temporada em quarto lugar.

— Quantas partidas vocês jogam durante uma temporada?

— Menos de trinta. Este ano jogamos 25 e temos apenas mais um jogo, no meio da semana, em Dà Nang.

— E você, Almeida, tem assegurado o título de artilheiro ou ainda corre riscos de perder o troféu para outro atacante?

— Fui artilheiro também no ano passado e este ano serei de novo. Temos apenas mais um jogo pela frente e meu saldo de gols, em relação ao segundo artilheiro, é bem alto.

— Qual a sua idade?

— Tenho 29 anos.

— Você é natural de onde?

— Rio de Janeiro.

— Por quais clubes passou?

— Madureira e São Cristovão, do Rio; Bragantino, de São Paulo; Al Ansar-Medina, da Arábia Saudita. Estou no Vietnã há três anos.

— Casado?

— Sim, minha esposa mora no Brasil.

— O Almeida poderia estar jogando na Europa, se quisesse — disse Eduardo, um paranaense de 22 anos.

— E você, Robson, de onde vem?

— Sou de Araras, em São Paulo, e comecei no União São João de Araras. Estou com 28 anos e vim para o Vietnã nesta temporada.

— Como vocês vieram para o Vietnã?

— No meu caso, como no da maioria, um empresário mandou um DVD para o Dà Nang, mostrando minhas jogadas. Eles gostaram e fui contratado.

— Em que nível está o profissionalismo aqui?

— A preparação física e os cuidados médicos não são bons, mas eles pagam os salários em dia.

— Quanto ganha um jogador brasileiro?

— Além do salário, que é depositado no banco, em dong, eles nos pagam, em dólares, 400 por empate e 1.500 por vitória.

— Vocês pagam algum imposto?

— Sobre o salário pagamos dez por cento, mas sobre os bichos, que recebemos diretamente, não pagamos nada.

— Pagamos imposto quando enviamos o dinheiro para o Brasil — explicou Rogério.

— Existem muitos jogadores brasileiros no Vietnã?

— Quase todos os times da primeira divisão têm brasileiros. Brasileiros e argentinos, mas mais brasileiros.

— Vocês se sentem discriminados pelos outros jogadores?

— Alguns nos discriminam, sim. Talvez porque a gente ganhe mais que eles. Mas a torcida gosta do nosso jogo.

— Como vocês se comunicam com o técnico?

— Em inglês.

— Mas e o Molina, que não fala inglês, como faz?
— A gente vai traduzindo pra ele.

Risos. Para falar a verdade, muitos risos, o Molina o mais risonho.

— Vocês vão para Dà Nang? — perguntou Rogério.
— Não — respondi. — Vamos para Hôi An.
— Na quarta-feira jogamos em Dà Nang. Será a última partida da temporada. O nosso time não tem mais chances de ser campeão, mas o time que vai jogar conosco, e que deverá ser o campeão, tem alguns brasileiros — disse Rogério.
— Vocês poderiam nos visitar em Dà Nang — convidou Almeida.
— Depois do jogo estaremos de férias, poderemos comemorar.
— Dà Nang fica no caminho para Hôi An. Vocês pegariam o mesmo ônibus, apenas desceriam em Dà Nang.

Aceitamos o convite e prometemos nos rever em Dà Nang no meio da semana.

— Levarei a erva-mate para o Molina — prometi.

Pagode sagrado

No hotel, casualmente reencontramos Petra, An e o casal suíço que havíamos deixado em Ninh Bình. Aproveitamos para colocar as novidades em dia e planejar as próximas aventuras. Pretendíamos alugar um barco e descer o rio Perfume. Havia lugares interessantes para serem visitados, mas precisávamos de parceiros para dividir os custos, e os convidamos.

— Ao sul de Huê, margeando o rio Perfume, está o famoso pagode Thien Mu — expliquei. — Um pouco mais abaixo, estão enterrados sete dos 13 imperadores da dinastia Nguyên. Podíamos alugar um barco e visitá-los.

Eles gostaram da ideia e combinamos de nos encontrar na manhã seguinte, na recepção do hotel. Havíamos nos informado sobre o assunto pela tarde e a recepcionista se ofereceu para intermediar o aluguel do barco. Quando Petra, An e os suíços desceram, já tínhamos arranjado tudo: barco, hora da saída, local da saída, roteiro do passeio, hora do retorno. Eles concordaram com os valores que tínhamos conseguido. A pechincha havia sido grande, deixou os europeus felizes.

Embarcamos no píer, um pouco acima da ponte, no barco de uma família ribeirinha, e rumamos rio abaixo. Poucos minutos depois o timoneiro parou o barco no meio do rio e a esposa dele nos trouxe o cardápio: queria saber o que desejávamos para o almoço.

— Obrigado, não desejamos comer nada no barco — expliquei.

A mulher não entendeu, ou se fez de desentendida, e chamou o marido. Desta vez ajudado pelos companheiros de viagem, expliquei que não pretendíamos almoçar no barco. Comeríamos algo, se fosse o caso, quando descêssemos nos lugares que desejávamos visitar. Eles, que imaginavam faturar com os turistas, ficaram desanimados. Fizeram uma cara tão decepcionada que fiquei com pena.

Pena e raiva; não estava em nossos planos ser espoliados naquela viagem. Havíamos alugado um barco exclusivo exatamente para não cairmos nas artimanhas dos passeios turísticos, cheios de manobras para tirar dinheiro dos visitantes deslumbrados. A mulher sentou-se na proa com uma caixa de isopor com bebidas e alguns pacotes de cigarros e salgadinhos. Para aliviar o clima, compramos algumas garrafas de água mineral.

Ancoramos em frente ao barranco, acesso às escadarias que levavam ao Thien Mu. Com muito cuidado — o barco se mexia embalado pelas ondas e o barranco estava escorregadio — Petra, An e a suíça saltaram para terra. As seguimos e fomos visitar o belo pagode, cuja construção teve início em 1601 e logo se transformou num ícone do Vietnã. Parcialmente destruído durante as guerras, fora sempre reconstruído.

VIETNÃ PÓS-GUERRA

Plantada no alto de uma colina, a torre octogonal do pagode, com 21 metros de altura, construída em 1844, era o símbolo não oficial de Huê. Além da beleza arquitetônica e de sua importância religiosa, com seus pavilhões repletos de imagens de Buda e de um sino capaz de ser ouvido a 10 quilômetros de distância, Thien Mu tinha uma história especial.

Em uma garagem, atrás do santuário principal, estava o Austin usado por Ter Quang Duc, o monge que em 1963 se imolou em Saigon em protesto contra a política do presidente Ngo Dình Diem. Aquele mesmo, considerado por Dwight Eisenhower como o "homem milagroso" da Ásia. Uma foto mostrando o corpo do monge coberto de chamas estampou as primeiras páginas da maioria dos grandes jornais do mundo. Seu ato foi seguido por outros religiosos, ajudando a depor o político inescrupuloso.

Na época, Trân Lê Xuan, cunhada do presidente, classificou o monge como o "churrasco da festa", dizendo que "enquanto eles queimam nós batemos palmas", ajudando a acirrar o ódio do povo contra o ditador. A imprensa americana a classificou como "Madame Dragão". Poucos meses depois o presidente Ngo Dình Diem e seu irmão, Ngo Dình Nhu, marido da Madame Dragão, foram assassinados pelos militares que o depuseram. Ela fugiu para o exterior.

Em 1993, um homem entrou no pagode, fez suas preces para Buda e ateou fogo nas roupas. Protestava contra a prisão de alguns monges de Thien Mu ligados à Igreja do Vietnã dos Budistas Unidos, uma dissidência da Igreja dos Budistas do Vietnã, religião oficial do Estado vietnamita. O ato levou a Federação Internacional de Direitos Humanos a reclamar junto à Organização das Nações Unidas: o Vietnã desrespeitava sua constituição, que garantia a liberdade religiosa no país.

Voltamos ao barco e continuamos descendo o rio. Queríamos visitar as tumbas onde haviam sido enterrados os antigos imperadores vietnamitas, a começar pelo lendário Giá Long.

Tumbas Imperiais

Ancoramos na margem esquerda do rio, subimos o barranco e seguimos por uma trilha em meio a um bonito bosque. Saímos numa estradinha e caminhamos um bom tempo em direção às tumbas, sempre em meio a lavouras de arroz repletas de trabalhadores. Acocorados em meio ao arrozal, víamos apenas seus chapéus cônicos movendo-se, uma imagem surreal. Não demorou e apareceu um rapaz de moto se prontificando a nos indicar a trilha que levava aos mausoléus.

— Sabemos onde ficam — eu disse.

Tínhamos um mapa, bastava seguir os caminhos traçados no papel. Ele então se prontificou a nos dar uma carona. Mediante uma pequena gorjeta, claro. Custamos a nos livrar dele. Logo apareceu outro com as mesmas propostas. Embora pareça grosseria, tomamos a decisão mais adequada nessas situações: ignoramos a presença do sujeito até ele desistir.

Chegamos à entrada do parque sob ameaça de chuva. Como sempre, e isso acontece em qualquer lugar do mundo, tão logo o chuvisqueiro nos envolveu surgiu uma senhora vendendo... sombrinhas coloridas. Estávamos perto da aldeia Duong Xuan Thuong, e seus moradores aproveitavam para faturar em cima dos turistas. As sombrinhas eram mais apropriadas para os dias de sol, que por certo deviam ser violentos na região. Mesmo assim, compramos duas após uma demorada barganha. Nossos amigos europeus decidiram economizar seus dôngs, e acabaram se molhando. Constrangido com a avareza deles, tentei remediar a situação.

— Precisamos proteger o equipamento fotográfico.

Construídos de acordo com seus gostos pessoais, os suntuosos mausoléus, formados por várias edificações interessantes e de grande riqueza artística e arquitetônica, situavam-se num belo platô acima das lavouras de arroz. Estavam separados por canais e lagos em meio à natureza verdejante. A chuva parou e a bruma deixou o local com um aspecto fantasmagórico — e muito bonito.

A interminável caminhada pelas trilhas entre as tumbas, palácios, pagodes, estelas, píeres e pátios repletos de estátuas dos imperadores e seus mandarins nos deixou com as roupas encharcadas, mas continuamos o passeio apesar do desconforto. A magia dos lugares nos atraía cada vez mais. Quando o chuvisqueiro engrossava, nossos amigos europeus se protegiam sob nossas sombrinhas, e todos nos molhávamos. Entre as principais tumbas visitadas, a mais exuberante pertencia ao imperador Tu Duc.

Em meio a um bosque de frangipanas e pinheirais, banhado por córregos e pequenos lagos, Tu Duc, aquele imperador que mudou o nome da capital do Vietnã para Hanói, mandou construir seu futuro mausoléu. Os palácios, templos, pavilhões, alamedas e harmoniosos jardins, além de uma ilha privativa de caça, deixaram a área tão esplêndida que ele resolveu mudar-se para o local com suas 104 esposas e um número ainda maior de concubinas.

O trabalho forçado, utilizado na construção do complexo, chegou a revoltar a população, que ameaçou derrubá-lo, movimento sufocado tão logo descoberto. Tu Duc foi o mais longevo dos imperadores da dinastia Nguyên, fundada por Giá Long, tendo reinado entre 1848 e 1883. Como tinha 1,53 metro de altura e ninguém podia ser representado mais alto que ele, as estátuas dos mandarins, nos pátios dedicados a eles, eram ainda menores, bem como as imagens dos elefantes e cavalos reais.

Para evitar futuras interpretações distorcidas de seu reinado, o próprio Tu Duc escreveu, numa estela, a maior do Vietnã, a história de seu governo. Ao lado de duas torres, que significavam o poder do imperador, estava o alto pavilhão com a pedra de 20 toneladas. Ela levou quatro anos para ser transportada do local de origem, 500 quilômetros ao norte de Huê. Tu Duc deu ao seu mausoléu o nome Khiem, que significa "modesto".

A tumba estava vazia, pois ele não chegara a ser enterrado nos limites do mausoléu. Para proteger a sepultura dos saqueadores, o corpo fora acompanhado por suas riquezas a um local que permanece desconhecido. Todos os duzentos operários que trabalharam no funeral foram decapitados tão logo voltaram da cerimônia. Grande parte da riqueza deixada no mausoléu, tanto de Tu Duc quanto dos outros imperadores enterrados na região, foi saqueada durante as guerras, especialmente por soldados franceses e americanos.

A tumba de Giá Long ficava afastada, precisaríamos de tempo para caminhar até ela. Pedimos informações e nos disseram que estava em ruínas.

Decidimos voltar ao barco e à cidade.

Zona Desmilitarizada

Nossos amigos europeus voltaram para Hanói, de onde regressariam aos seus países. Queríamos visitar a Zona Desmilitarizada e tratamos de providenciar a viagem. A área era muito grande: a da foz do rio Ben Hai, no leste — onde estavam os túneis em Vinh Moc, no lado norte do rio, no que fora o território do Vietnã do Norte —, até a fronteira com o Laos, no oeste — no lado sul do rio, onde estava a base de Khe Sanh, no antigo território do Vietnã do Sul.

Precisaríamos percorrer a Rodovia 1 no sentido sul-norte e a Rodovia 9 no sentido leste-oeste. Tínhamos um mapa rodoviário. Fizemos as contas: centenas de quilômetros a serem vencidos. Pensamos em alugar um carro e contratar um guia, mas desistimos, sairia muito caro. A solução mais prática, e mais barata, era integrar um *tour* convencional. Durante um dia, saindo de madrugada e voltando ao anoitecer, veríamos, entre outros, os dois locais que mais nos interessavam: Khe Sanh e Vinh Moc.

Saímos pouco depois das 6 da manhã num ônibus com mais de trinta turistas. Contei e fizemos a média: o motorista buzinava a cada 20 segundos, mesmo quando não havia trânsito na estrada.

— O cara tem dois tipos de buzina — comentei com Ferreira.

— Como se não bastasse, uma delas é a ar e as cornetas ficam dentro da cabine.

A guia, com o rosto coberto pela tradicional máscara e com uma luva que subia até as axilas, não parava de falar ao microfone; explicava a importância dos lugares por onde passávamos.

Subimos pela Rodovia 1 até a cidade de Dông Ha, onde paramos num restaurante para o desjejum. A maioria pediu café com pão, nós preferimos um *pho bò*. O pessoal saiu do restaurante com litros e mais litros de água mineral.

— Parece que vamos para o deserto — comentei com Ferreira.

— Você quis vir com a turistada, agora aguenta.

A legendária trilha Hô Chí Minh era, na verdade, um emaranhado de caminhos pelas montanhas, de picadas pelas florestas, de estradas secundárias e mesmo túneis, muitas vezes entrando no território do Laos. Utilizada para o Vietnã do Norte suprir a resistência vietcongue com equipamentos militares e civis, tornou-se um grande desafio para os estrategistas da Casa Branca. O então ministro da Defesa Roberto McNamara ordenou a construção de uma linha de bases ao longo da Rodovia 9 para estrangular a trilha. Mas o Muro McNamara, como ficou conhecido, formado por nove bases, não surtiu efeito.

Entramos na Rodovia 9 sentido oeste, passamos pela vila Cam Lo, cruzamos a estradinha que levava à base Camp Carrol e, 26 quilômetros depois de Dông Ha, paramos à beira da estrada, de onde avistamos o local da antiga base Rockpile. No cume de uma montanha com 230 metros de altitude, os fuzileiros navais instalaram canhões capazes de atingir alvos vietcongues a quilômetros de distância.

— Todo o equipamento foi transportado para o topo da montanha por helicópteros — explicou a guia.

No vale, ao pé da montanha, havia o complemento da base. Após a guerra, todo o material, tanto militar como civil, especialmente casas, galpões e alojamentos, foi saqueado pela população, transformado em moradias para os montanheses da região. Como estávamos num lugar alto, víamos ao longe o terreno montanhoso entrecortado por longos vales.

— Como vocês podem observar — comentou a guia —, a vegetação que cobria as montanhas, e isso acontece também às margens do rio Ben Hai, ainda não se recuperou das bombas químicas despejadas pelos aviões americanos.

Entre as novas tecnologias usadas na guerra estavam os desfolhadores, produto químico que se popularizou pelo nome de agente laranja. Os vietcongues, escondidos nas matas, provocavam grandes baixas nos comboios militares que trafegavam pelas estradas ou desciam os rios. Era necessário desfolhar essas árvores, expor o inimigo. O impacto ecológico foi catastrófico para a cobertura vegetal e para a população que habitava as regiões atingidas.

Segundo dados oficiais vietnamitas, os Estados Unidos jogaram no país 14 milhões de toneladas de bombas (munições e cápsulas), vinte vezes mais do que o usado na guerra da Coreia e sete vezes mais do que o usado na II Guerra Mundial. Além disso, foram despejados 70 milhões de litros de produtos tóxicos, entre eles 44 milhões de litros de agente laranja. Mais de 2 milhões de hectares de florestas e áreas agrícolas foram destruídos. Ainda era possível perceber resíduos nos sistemas ecológicos em várias partes do país.

Passamos pela vila Dakrong, no local onde existiu a base Ca Lu, e chegamos à ponte Dakrong, sobre o rio homônimo, onde se iniciava a Rodovia 14, uma estrada para o sul utilizada como parte da trilha Hô Chí Minh. Ela passava pelos territórios onde viviam diversos grupos étnicos nativos, especialmente aldeias das tribos Ba Co, Ba

Hy, Ca Tu e Taoi. Uma série de bases foi instalada na região, esforço complementar às bases ao longo da Rodovia 9, para evitar a utilização da trilha pelos vietcongues.

Antes de nos aventurarmos pelo local, a guia deu alguns avisos:

— Não saiam das trilhas e de forma alguma toquem em objetos encontrados no chão. Estamos num lugar onde a guerra ainda não terminou. O terreno está coberto com milhares de morteiros, balas de canhão e minas que nunca explodiram. Sem falar nas cápsulas de fósforo branco, que incendeiam ao entrar em contato com o ar.

Ela falava sério. Estima-se que 20 por cento do território vietnamita ainda estejam cobertos por esse lixo mortal.

— Entre 1975, com o fim da guerra — ela voltou a contar —, e o ano 2000, 38.849 pessoas morreram e 65.852 ficaram feridas, vítimas desse arsenal.

E deu um número ainda mais aterrador:

— Ainda hoje, cerca de sessenta pessoas morrem por ano e outras mil ficam feridas.

Uma das mais noticiadas batalhas da guerra se deu no topo da montanha Apbia, no vale Ashau, e ficou conhecida na mídia internacional como a batalha de Hamburguer Hill. Em maio de 1969, uma força americana, numa operação para destruir os alvos vietcongues na fronteira com o Laos, enfrentou as tropas inimigas nessa localidade.

Em menos de uma semana de batalha, 241 soldados morreram em Hamburguer Hill. Os fuzileiros se retiraram e a montanha voltou a ser ocupada pelo exército do Vietnã do Norte, a quase 80 quilômetros dentro do território do Vietnã do Sul. Mais uma vez, a tevê mostrou as cenas nos lares americanos durante a hora do jantar.

A história do local valia a pena uma vasculhada, a guia por certo havia nos assustado além da conta. Caminhamos, caminhamos, andamos no meio do mato, alguns desceram até o rio lá embaixo, visitamos a ponte e finalmente voltamos para o ônibus. Seguimos pela

Rodovia 9 em direção à fronteira com o Laos. Enfrentamos uma subida muito forte e o motorista desligou o ar-condicionado para aliviar o motor do ônibus.

— Isso é novidade para mim — comentei com Ferreira.

— Para mim também.

Khe Sanh

Passamos pela aduana fiscal e chegamos à pequena cidade de Huong Hóa, quase na fronteira com o Laos, no meio da manhã. Ela ficava no extremo ocidental da Rodovia 9 e estava localizada em meio a uma bela paisagem, formada por montanhas, vales e campos acima de 600 metros de altitude. Em certas épocas do ano, o lugarejo amanhece coberto pela neblina, ficando com aspecto de cidade encantada. Huong Hóa é conhecida por suas plantações de café, introduzido na região pelos franceses.

A maioria dos seus habitantes pertence à tribo Bru, montanheses que deixaram a área rural e se mudaram para a cidadezinha em busca de uma vida melhor. As mulheres usavam saias coloridas, ao contrário das vietnamitas urbanas, que se vestem com calças compridas, aquelas parecidas com nossos pijamas de pelúcia. Fiquei impressionado com a tranquilidade do lugar.

Mas quando ela se chamava Khe Sanh, a situação era bem diferente.

Em um bonito platô ao lado da cidade ficava a base americana Khe Sanh, local do mais famoso cerco — e uma das mais controversas batalhas — durante a Ofensiva do Tet. Cerca de quinhentos soldados americanos, 10 mil norte-vietnamitas e um número incontável de civis morreram em meio às lutas corpo a corpo que se seguiram aos combates de artilharia e às explosões das bombas, algumas delas com uma tonelada. As mais destrutivas, de fósforo branco ou napalm, entraram para a história da insanidade humana.

A base foi construída, no começo da guerra, para treinar as populações rurais que viviam em torno da cidade com o objetivo de transformar os moradores em guerrilheiros pró-Vietnã do Sul. Em 1967, o serviço de inteligência americano detectou grande movimento de tropas inimigas tomando posição nas montanhas que rodeavam o complexo militar. A movimentação do significativo número de soldados e de pesada artilharia levou o general William Westmoreland a crer, juntamente com seus assessores, que o general Vo Nguyên Giap preparava um novo Diên Biên Phú.

Alertado pelos estrategistas, Lyndon Johnson ficou obcecado pela ideia, a ponto de mandar construir, numa sala na Casa Branca, uma maquete do platô onde estava a base. Os chefes militares prometeram ao presidente que ela não cairia em mãos inimigas, e a base foi reforçada com seis mil soldados. William Westmoreland chegou a pedir aos oficiais um estudo sobre o uso de armas nucleares táticas na região, se fosse preciso.

O cerco a Khe Sanh, que durou 75 dias, começou em 21 de janeiro de 1968, dez dias antes do Tet, com pequenos ataques de vietcongues infiltrados no perímetro da vila. Nos dois meses seguintes, ela esteve sob fogo constante, tanto da infantaria como da artilharia. A resposta da Força Aérea americana foi na mesma intensidade: 100 mil toneladas de bombas foram despejadas nos campos em torno da base, onde estavam os vietcongues.

A temida queda não chegou a ocorrer. Em 7 de abril, após uma batalha sangrenta, os vietcongues recuaram. Os fuzileiros desbloquearam a Rodovia 9, liberando o acesso às outras bases da região, pondo fim ao cerco. A epopeia atraiu a atenção da imprensa internacional, e Khe Sanh foi capa das revistas *Newsweek* e *Time*, bem como na maioria dos grandes jornais do mundo.

Os combates em Khe Sanh foram tão grandiosos que o general William Westmoreland atribuiu à Ofensiva do Tet uma manobra diversionista. O grande objetivo dos comunistas parecia ser tomar Khe Sanh, mas a verdade era outra: o cerco a Khe Sanh teve por objetivo atrair para a região as atenções militares americanas enquanto as forças vietcongues se preparavam para a Ofensiva do Tet.

Mais tarde, Khe Sanh foi abandonada pelos americanos. A base nunca teve importância estratégica para nenhum dos lados, pelo menos a ponto de justificar tantas mortes. Foi mais uma vitória do general Vo Nguyên Giap sobre outro general estrangeiro: mesmo tendo resistido, quem perdeu foi William Westmoreland.

O general americano

O general William Westmoreland havia se tornado a face pública da guerra, "Homem do Ano" de 1965 da revista *Time*, que o descreveu como "a vigorosa personificação do guerreiro americano". Em novembro de 1967, liderou uma campanha de relações públicas incentivando o apoio popular à intervenção militar no Sudeste Asiático.

Em uma entrevista em Washington, chegara a afirmar que "a guerra havia atingido um ponto em que o fim estava próximo". Mas a violência dos combates deixou o público chocado com as previsões errôneas do general. A imprensa, até então em sua maioria apoiando a guerra, promoveu um cerco ao governo em busca das razões para o equívoco nas informações vindas do front, uma falha da inteligência comparável a Pearl Harbor.

Apesar de inicialmente os aliados terem recuado em alguns lugares, surpreendidos pelo tamanho dos ataques vietcongues, eles responderam rápida e efetivamente, dizimando as forças inimigas. Travadas fora da selva, como vinha acontecendo, as batalhas foram uma sequência de vitórias militares para os Estados Unidos e Vietnã do Sul. Entre os mortos no cerco a Khe Sanh e a Ofensiva do Tet estavam 1.500 americanos, 2 mil sul-vietnamitas, 10 mil norte-vietnamitas e 32 mil vietcongues, além de milhares de civis. Sem contar os feridos.

No campo político, também havia sido uma vitória a não adesão da população aos atacantes; demonstrava o isolamento dos vietcongues. Nessa época, havia 1,5 milhão de refugiados internos sob a proteção do governo do Vietnã do Sul. Outra vitória foi a resistência do exército sul-vietnamita, que abria possibilidades para uma "vietnamização" do conflito: a retirada total dos soldados estrangeiros da linha de frente.

Para a opinião pública americana, no entanto, as cenas das batalhas durante a Ofensiva do Tet e as imagens sangrentas em Khe Sanh, mostradas pelos fotógrafos e cinegrafistas, foram além do que se esperava: um preço alto demais a pagar pela luta anticomunista, exatamente como previam os estrategistas militares em Hanói. Dali em diante, as famílias passaram a rejeitar a ideia de enviar seus filhos para morrer no Vietnã.

Por essa mesma época, notícias de massacres praticados por soldados americanos contra civis indefesos começaram a ser publicadas nos Estados Unidos, como as atrocidades em My Lai. Numa das mais polêmicas e célebres frases da guerra, um certo major Brown, na frente de combate, declarou ao jornalista Peter Arnett, então correspondente da agência de notícias Associated Press, que "a cidade de Ben Tre foi destruída para salvá-la dos comunistas".

No Pentágono, a situação causou profundo constrangimento. A Ofensiva do Tet encerrou a carreira de William Westmoreland no comando no Vietnã. Lyndon Johnson desistiu de concorrer à reeleição depois de ver seus índices de popularidade despencarem.

O colapso político da Casa Branca foi tão profundo que estimulou o general Vo Nguyên Giap, que já considerava o retraimento de suas forças, a planejar um novo golpe, ainda mais agressivo, que concentraria as operações de guerra em direção à tomada de Saigon.

Após caminhar pelo que restou da base Khe Sanh, repleta de equipamentos deixados pelos americanos, como alguns helicópteros expostos no pátio do pequeno museu, entramos para conhecer o acervo. Havia muitas armas apreendidas e algumas maquetes mostravam cenas da guerra. Mas a maior parte do material era formada por fotografias e cartazes expostos nas paredes.

    As fotos, em quadros enormes, mostravam os soldados americanos em posição desfavorável, enquanto os soldados do Vietnã do Norte apareciam sempre em cenas de heroísmo. Uma fotografia que me chamou a atenção, e depois a vi em diversas cidades, foi a de um médico vietnamita tratando um soldado americano ferido em combate, tudo em meio a uma batalha enfurecida.

— Não precisava toda essa propaganda — comentei com Ferreira.
— Por ser exagerada, ela acaba diluindo a valentia do povo do Vietnã.
— A propaganda americana foi maior.
— Por isso mesmo. Esperava uma situação diferente. Mas, pelo visto o governo, que de comunista não tem mais nada, usa a guerra como propaganda de si próprio.
— Eles fazem o mesmo com a figura do tio Hô.
— Pois é. Os caras se apresentam como herdeiros políticos de Hô Chí Minh.
— Isso os legitima no poder.

Ao sair da base em direção ao ônibus fomos abordados por um sujeito que nos ofereceu, discretamente, alguns suvenires da guerra. Cartuchos detonados, medalhinhas, correntinhas, isqueiros usados, pinos de granadas e por aí afora. Até o retrato do que parecia um soldado americano ele tinha. Senti-me ofendido.

— Não foi para isto que tanta gente morreu neste local! — comentei com Ferreira.
— Devem ser falsos.

— Pior ainda.

Há diversas associações americanas que ainda procuram vestígios dos soldados desaparecidos, especialmente na área de Khe Sanh, e esse tipo de gente só confunde as buscas. Volta e meia ossadas são encontradas. Levadas para os Estados Unidos, normalmente são de combatentes vietnamitas.

Vinh Moc

Regressamos pela Rodovia 9 até Dông Ha, onde almoçamos. Continuamos pela Rodovia 1, no sentido norte. Passamos ao lado das ruínas da base Doc Mieu, cruzamos a ponte sobre o rio Ben Hai, e na localidade de Hô Xa dobramos à direita e fomos para Vinh Moc, onde pretendíamos conhecer os famosos túneis utilizados pelos vietnamitas e que tanto desestabilizaram as forças inimigas.

Primeiro visitamos um pequeno museu com muita propaganda de guerra. Uma maquete em tamanho gigante bem como grandes mapas pintados nas paredes explicavam a heroica defesa do povo local contra os soldados americanos e seus fantoches do Vietnã do Sul. Fazia muito calor, e a perspectiva de entrar nos túneis estreitos, baixos e longos não era das mais agradáveis.

— Nunca entrei num túnel dessa magnitude — comentei com Ferreira. — Não sei qual vai ser minha reação.

— Eu já entrei — ele disse.

Ele havia trabalhado na Companhia Estadual de Energia Elétrica do Rio Grande do Sul durante muitos anos, como fotógrafo, e havia percorrido alguns túneis, especialmente nas hidrelétricas.

— Vamos nessa, então — falei.

Em 1966, os americanos deram início a um massivo ataque aéreo e de artilharia pesada ao norte da Zona Desmilitarizada, deixando a vila Vinh Moc em meio a uma das regiões mais bombardeadas do país. Os camponeses foram obrigados a abandonar suas casas ou então cavar túneis para se proteger.

Os vietcongues gostaram da ideia e encorajaram os moradores a continuar as escavações. Ao final de 18 meses de árduo trabalho, realizado de forma camuflada para não ser detectado pela Força Aérea, um enorme complexo civil e militar estava pronto. A população foi contratada para dar suporte aos vietcongues e, com o tempo, 17 bebês nasceram dentro dos túneis.

Aos camponeses e aos guerrilheiros se juntaram soldados do exército do Vietnã do Norte, cuja missão era manter aberta uma linha de comunicações e transportar suprimentos desembarcados na ilha Con Co, no mar em frente a Vinh Moc, e levá-los para o interior do país através dos diversos ramos da trilha Hô Chí Minh.

Com 12 entradas, sete das quais dando para uma praia de areias brancas cheia de palmeiras, os túneis foram abertos em três níveis, entre 12 e 23 metros abaixo do solo. O primeiro "andar" servia para uso militar, o segundo para moradia dos civis e o terceiro como saída de emergência, utilizado também para drenar a água que os americanos jogavam para dentro dos túneis quando descobriam suas bocas.

Os navios ancorados ao longo da costa bombardeavam constantemente os túneis, mas dificilmente as bombas caíam sobre as entradas, cujos locais eram ignorados. As mais temidas eram as bombas perfuratrizes, e mesmo essas dificilmente os danificavam. A única vez em que uma delas ultrapassou o barranco e entrou no túnel, não explodiu. Ninguém saiu ferido. Os moradores aproveitaram a "ajuda" americana e transformaram o buraco num duto de ventilação.

Como os túneis eram feitos para serem usados pelos baixos vietnamitas, precisávamos andar encurvados para não bater a cabeça no teto, especialmente Ferreira. Percorremos os três níveis, subindo e descendo pelos degraus entalhados na terra. Alguns trechos se encontravam da forma como foram deixados durante a guerra, outros haviam sido restaurados e agora serviam como propaganda junto aos vietnamitas jovens. Vimos muitos escolares visitando o complexo, sempre orientados pelos zelosos professores.

Após uma longa caminhada saímos na praia, um lugar muito bonito. Na linha do horizonte podíamos ver a ilha Con Co. O mar, raso demais para a entrada dos grandes navios de guerra americanos, era perfeito para ser utilizado pelas pequenas embarcações vietnamitas. Voltamos para dentro dos túneis por outra boca, caminhamos mais um pouco pelo emaranhado de caminhos, repleto de desvios que subiam e desciam mas não levavam a lugar algum, e saímos ao lado do local onde havíamos ingressado a primeira vez, pertinho do museu.

— Sentiu algum desconforto? — perguntou Ferreira.

— Físico, nenhum. Emocionalmente, no entanto, é de arrepiar. Não consigo nem imaginar como deve ter sido viver num local desses.

— Ainda por cima, com as bombas caindo na cabeça.

Outras aldeias nas redondezas também haviam construído túneis, mas nenhum tão elaborado como em Vinh Moc. Em Vinh Quang, na foz do rio Ben Hai, um túnel menos resistente desabou após um bombardeio, matando todas as pessoas em seu interior.

Em maio de 1968, apesar da baixa expectativa de algum resultado positivo, Estados Unidos e Vietnã do Norte começaram a falar em paz. Mal iniciaram, as negociações ficaram estagnadas por cinco meses até o presidente Lyndon Johnson suspender o bombardeio aéreo no Vietnã do Norte.

O democrata Hubert Humphrey e o republicano Richard Nixon estavam em campanha pela Casa Branca, e a situação voltou à estaca zero. Em uma jogada demagógica que entrou para a história da política americana, Nixon pediu ao governo do Vietnã do Sul que se recusasse a participar das negociações de paz. Prometeu que, se fosse eleito, conseguiria um acordo melhor para eles.

Voltamos para Huê com as memórias das câmaras entupidas de fotos. Ferreira foi a uma lan house, num hotel vizinho ao nosso, transferir as imagens para um disco rígido com grande capacidade, e na hora de sair esqueceu o pen drive no computador. Quando se deu conta, voltamos para buscar, mas havia sumido.

— Ninguém entrou aqui depois que vocês saíram — disse a recepcionista.

— Então deveria estar aqui — insistiu Ferreira.

— Talvez ela não tenha entendido bem do que se trata — falei para ele.

Pergunta daqui, insiste dali, descobrimos que uma das hóspedes falava português. Melhor: Sabrina era casada com um jogador de futebol brasileiro. Ele atuava em Huê e ela morava no hotel. No momento, ele estava em viagem com o clube e Sabrina ficou feliz em poder conversar conosco. Ela era amiga das recepcionistas do hotel, conversou com elas, um pouco em inglês, um pouco em vietnamita, mas nada do pen drive.

— O que tinha nele? — perguntou Sabrina.

— O programa que uso para trabalhar as fotos. Eu o instalo no computador da lan house, organizo as fotos e depois desinstalo.

— Vai fazer muita falta?

— Vai, mas azar.

Convidamos Sabrina para jantar no restaurante DMZ e tivemos uma noite agradável. Ela estava há alguns meses no país e pôde nos esclarecer uma série de costumes que ainda não havíamos entendido.

— As meninas por aqui me parecem mais desinibidas que os rapazes — comentei com ela.

— São umas assanhadas, isso sim. Elas é que dão em cima dos caras.

— E eles?

— Eles são mais comportados, meio tímidos.

— As famílias me parecem conservadoras.

— As famílias são, mas essa garotada mais jovem, especialmente as meninas, são bem avançadinhas.

Sabrina bebeu suco de laranja, nós aproveitamos para tomar um cálice de *xeo*, uma espécie de aguardente feita de arroz. Popular no Vietnã, o destilado tem alto teor alcoólico, e prová-lo foi uma aventura.

Dà Nang

Altitude: nível do mar
Latitude: 16° 04' 10.51"
Longitude: 108° 12' 59.37"
Distância de Porto Alegre: 17.416km

Saímos de Huê bem cedinho e seguimos para o sul pela Rodovia 1. Tínhamos pouco mais de 100 quilômetros até Dà Nang, mas o ônibus percorreria uma região montanhosa e cheia de curvas, ora no litoral, ora na serra.

Na praia Long Co, uma faixa de areias brancas coberta com palmeiras em torno de uma grande lagoa, paramos: hora do lanche. Sobre o balcão havia diversas garrafas de *ruou ran*, uma espécie de vinho de arroz, com uma cobra boiando em meio à bebida. Aperitivo dos mais populares, especialmente no interior, além do porre serve, segundo eles, para curar doenças como cegueira e até impotência.

— Gostaria de provar? — perguntei a uma das passageiras, uma europeia que viajava em nosso ônibus.

— Não!

— Faz bem à saúde.

— Pode até fazer, mas antes disso eu vomitaria até as tripas.

Reiniciamos a viagem e cruzamos pelo túnel Hai Van, uma extraordinária obra de engenharia austríaca. Com 6.280 metros de extensão, ele perfura a cadeia de montanhas que separa o Vietnã em duas zonas climáticas: tropical ao norte e temperada ao sul.

Até o século XV, a cordilheira Truong Son dividia o reino do Vietnã, ao norte, do reino Champa, ao sul. Com a conquista do território dos champas pelo vizinho mais poderoso, o Vietnã iniciou sua expansão em direção ao delta do Mekong.

Chegamos a Dà Nang por volta do meio-dia. Descemos do ônibus e lá vieram os mototaxistas nos atazanar. Mostramos o endereço do hotel a um deles, o que nos pareceu mais honesto, ele chamou um parceiro e lá nos fomos em duas motos com as mochilas nas costas. Perguntei pelo jogo no dia seguinte e o homem disse que não haveria jogo. Insisti, mas ele foi enfático:

— Sou torcedor fanático do Dà Nang, até joguei no time. Se tivesse jogo, eu saberia.

Andamos, andamos até chegar ao hotel. Antes de ser dispensado, se ofereceu para nos levar para conhecer a cidade durante a tarde.

— Estamos cansados.

— Então amanhã.

— Amanhã de tarde vamos ao jogo de futebol.

— Não haverá jogo amanhã.

Para nos mostrar que falava a verdade, consultou o recepcionista do hotel. Ele também não sabia de jogo algum no dia seguinte. Para tirar as dúvidas, consultou na Internet.

— Não fala nada sobre jogo amanhã.

— Então, vamos fazer um passeio pelos arredores da cidade? — voltou a insistir o mototaxista.

— Falamos amanhã — eu disse, só para me livrar do cara.

— A que horas?

— De manhã.

Acomodados no hotel, fomos percorrer a quarta maior cidade vietnamita, importante centro industrial e portuário. Nas primeiras quadras, descobrimos que o ônibus havia nos deixado pertinho do hotel.

— O cara da moto disse que era longe, chegou a fazer uma grande volta — comentou Ferreira.

— Fiquei desconfiado que a volta fosse desnecessária. Para mim, ele havia ido em frente e voltado por uma rua paralela.

— E inventou que não tem jogo amanhã para nos mostrar as montanhas ao redor da cidade.

Após uma longa caminhada pelo calçadão ao longo do rio Han, nos enfiamos nas ruas centrais, repletas de motos e muita poluição. No meio da tarde, transpirando pelo intenso calor, chegamos ao estádio. Estava vazio e ninguém sabia de jogo algum.

— Será que o taxista tinha razão?

Quando estávamos indo embora chegaram dois ônibus. Um com o time do Dà Nang, onde estavam nossos amigos, e outro com o time visitante. Assistimos ao treino e combinamos de nos encontrar à noite, em um bar em frente ao rio, no outro lado do calçadão, perto do Museu da Escultura Cham.

Dà Nang recebeu os navegadores portugueses no século XVI, os primeiros europeus a pisarem no Vietnã. Mais tarde, sob domínio francês, passou a ser chamada Tourane. A cidade acabou sucedendo Hôi An como porto da região central do Vietnã, título que mantém.

Durante a Guerra Americana Dà Nang ficou conhecida como a Saigon do Norte. Perto das bases militares, era invadida pelos soldados em seus dias de folga; atraía beberagens, drogas e prostituição. Ainda hoje Dà Nang recebe muitos veteranos da guerra, soldados americanos que voltam ao país especialmente por causa das belas mulheres. Eles têm até um bar de preferência, o Christie's Cool Spot, onde se reúnem para comparar as guerras no Vietnã e no Iraque.

— Não sei qual delas é mais tola — um deles me disse.

Desistimos do drinque, os preços nos assustaram. Talvez o garçom tenha nos confundido com algum ex-combatente e resolvido tirar a forra. No outro lado da rua havia outro bar, mais barato, mais simpático e num estilo mais, digamos, vietcongue: na parede um grande pôster de Che Guevara. Grafado em Quôc Ngu, a língua nacional: Chay Gay-vah-rah. Separar as sílabas das palavras com hífens ou espaços era um hábito bem difundido, e logo nos acostumamos, especialmente com a forma como escreviam o nome do país: Viet Nam.

Encontramos os brasileiros à noite, conforme o combinado. Tomamos suco de laranja e entregamos 3 quilos de erva-mate para Molina, que ficou bem satisfeito.

— As motos são de vocês? — perguntei, pois cada um havia chegado numa moto.

— São alugadas. Não vale a pena comprar, o aluguel é barato — explicou Rogério.

— A gasolina é barata?

— Muito barata.

— Como vocês conseguem pilotar num trânsito maluco como este?

— A gente se acostuma. Além do mais, se fazemos alguma barbeiragem, somos relevados pelos guardas.

— Como assim?

— Com os vietnamitas, a polícia de trânsito é implacável, mas quando se trata de um estrangeiro, fazem vista grossa.

— Não deveria ser assim, né? Na história deste país só tem invasores estrangeiros...

— Mas eles são muito simpáticos.

Simpáticos e persistentes, como descobrimos na manhã seguinte, quando fomos acordados com fortes batidas à porta do quarto. Era o mototaxista do dia anterior, que desejava nos levar para o tal passeio. Atendi mal-humorado.

— Vamos ao jogo esta tarde, então nada de passeio.

— Mas não tem jogo — ele insistiu.

— Tem. Estivemos no estádio ontem e falamos com nossos amigos. Vamos ao jogo de tarde.

— Quem sabe amanhã, então?

— Amanhã pode ser.

— De manhã?

— Não, de tarde.

— No começo da tarde?

— Sim.

Quando ele saiu, Ferreira perguntou:

— Marcou com ele de tarde?

— Sim.

— Mas não vamos viajar pela manhã?

— Por isso mesmo.

Visitamos demoradamente o Museu da Escultura Cham, o melhor acervo sobre a civilização Champa em todo o mundo. Criado em 1915 pela École Française d'Extrême Orient, sua coleção de altares, lingas, garudas, Ganeshas, Shivas, Brahmas e Vishnus era da mais fina qualidade. As peças, datando entre os séculos VII e XV, nos deram uma mostra do poderio desse reino, cuja memorável capital — os resquícios dela, pelo menos — conheceríamos nos dias seguintes, mais ao sul.

À tarde fomos ao estádio torcer pelos amigos. O problema era que os dois times estavam repletos de brasileiros. Então, em vez de apoiar uma das equipes, torcíamos para os rapazes fazerem boas jogadas. Rogério, no meio-campo, além do talento natural, tinha uma energia impressionante. Lembrei-me do Dunga dos velhos tempos. Havia uma diferença técnica muito grande entre eles e os atletas vietnamitas, um dom que faz parte dos sonhos deste Brasil.

O Dà Nang venceu por 1 a 0, mas o gol não foi do Almeida. Mesmo assim, ele ganhou a medalha de artilheiro do campeonato. Apesar da vitória, o título nacional ficou com o BFC, uma equipe da grande Saigon, onde jogavam três brasileiros: Fábio, Kesley, e Lima. Entramos no gramado e tiramos fotos, uma festa completa. Havíamos nos apresentado às autoridades do estádio como jornalistas, agora éramos também torcedores.

À noite comemoramos numa pizzaria. Além da alegria natural pelo final da competição, estavam todos felizes porque voltariam em férias para o Brasil nos dias seguintes. A maioria estava de contrato renovado ou em negociações adiantadas para continuar no Vietnã. Exceto Molina, que pensava encerrar a carreira. Fizera seu pé-de-meia, comprara imóveis na Argentina, havia chegado a hora de voltar para casa.

Ao final do jantar ele nos convidou para visitar uma boate ali perto, queria se despedir do Vietnã em alto estilo. Ferreira estava cansado, decidiu voltar para o hotel. A turma se dispersou e fui com o argentino, na garupa da moto, conhecer a vida noturna de Dà Nang.

A boate, enorme, estava lotada. A música, na base do velho e surrado rock'n'roll, tocava num volume tão alto que fazia as paredes reverberarem. Na pista, jovens de ambos os sexos dançavam como nas mais badaladas boates brasileiras. Nas mesas, eles bebiam. E como bebiam! Ao nosso lado, um grupo de uns dez rapazes e moças tomou, em menos de uma hora, dois litros de uísque, Jack Daniel's e Chivas, além de um litro de vodca Finlândia e muitas garrafas de champanhe francês. Chamavam o garçom, tiravam as mascadas de dinheiro dos bolsos e pagavam no ato do pedido.

Eram garotos, que como eu, amavam os Beatles e os Rolling Stones.

Hôi An

Altitude: nível do mar
Latitude: 15º 52' 32.59"
Longitude: 108º 19' 48.77"
Distância de Porto Alegre: 17.407km

Embarcamos no meio da manhã e retomamos a jornada para o sul, sempre pela Rodovia 1. Em Diên Ban o ônibus dobrou à esquerda, em direção leste, e logo chegamos a Hôi An, o ponto mais oriental alcançado na expedição. A viagem foi curta, cerca de 30 quilômetros, em meio a aldeias e grandes arrozais. A rodoviária ficava a algumas quadras do centro histórico, à beira do rio, onde desejávamos nos hospedar. Após uma árdua caminhada sob o sol do meio-dia, as mochilas pesando mais que o necessário e o suor escorrendo pelo corpo, encontramos um pequeno hotel com a qualidade adequada e dentro do nosso orçamento.

Entre os séculos II e X, Hôi An foi um movimentado porto do reino Champa, aonde chegavam navegadores árabes e persas. Em 1307, o rei Cham casou com a filha de um rei vietnamita e deu ao Vietnã, como dote, o estado de Quang Nam. Com a morte do rei, o sucessor não reconheceu o presente e os dois reinos entraram numa guerra que durou um século.

No século XV, com a paz retomada, o porto floresceu. Nos quatro séculos seguintes chegaram navios mercantes chineses, japoneses, holandeses, portugueses, espanhóis, indianos, filipinos, indonésios, tailandeses, franceses, britânicos e americanos. Embarcavam tecidos, especialmente seda, papel, porcelana, chá, açúcar, pimenta, marfim e mais uma infinidade de produtos pelos quais a cidade é famosa até hoje.

Conhecida pelos antigos marinheiros ocidentais pelo nome de Faifo, ela foi a primeira cidade cristianizada no Sudeste Asiático, onde morou o missionário Alexandre de Rhodes, aquele francês que criou a escrita Quôc Ngu, derivada do latim. Com o assoreamento do rio Tha Bon, o porto perdeu calado e os navios passaram a atracar no píer em Dà Nang.

O mini-hotel Huy Hoàng I fica à beira do rio Tha Bon, ao lado da ponte que liga o continente à ilha Cam Nain. Da sacada podíamos ver os pescadores em atividade; uns pescando, outros recolhendo os peixes trazidos em pequenos barcos. Eles jogavam na água um copo preso na ponta da linha, dentro do qual colocavam uma farinha branca. Quando a linha corria, eles a puxavam e o peixe vinha dentro do copo.

— Os caras pescam sem anzol! — espantou-se Ferreira.

— Fotografa, senão quando contarmos no Brasil dirão que é conversa de pescador.

Passear pelas vielas de Hôi An é caminhar num museu a céu aberto. Os antigos palacetes coloniais franceses se misturam aos pagodes chineses, japoneses e vietnamitas, todos bem preservados. Patrimônio da Humanidade, o centro histórico havia sido poupado dos bombardeios durante a Guerra Americana, uma decisão que, ao contrário de Huê, pôde ser mantida ao longo do conflito.

Há mais de oitocentos prédios de madeira construídos há mais de um século, algo raro num país constantemente destruído por guerras e mais guerras. Entre os mais importantes estão museus, templos, capelas e pavilhões com seus impressionantes pátios em homenagem às diversas comunidades que se instalaram na cidade ao longo das décadas, especialmente mercadores chineses e japoneses.

Os tuc-tucs não entram no quarteirão histórico, e a partir das 6 horas da tarde nem as motos podem trafegar por suas aleias, deixando os pedestres livres para apreciarem as belezas arquitetônicas do lugar. O comércio, vendendo os tradicionais produtos da região, famosos há séculos, recebe grande número de turistas estrangeiros.

Um dos prédios mais admiráveis, tanto pela história quanto pela ótima preservação, é a capela da família Trân, toda feita de madeira. Procedentes da China, os Trân se estabeleceram em Hôi An em 1700. Um de seus membros, alçado à condição de mandarim, tornou-se embaixador chinês, tendo mandado construir a capela em 1802 para homenagear os espíritos ancestrais do clã.

O estilo arquitetônico do prédio reflete a grande influência chinesa e japonesa no Vietnã. Há três portas. A central, reservada para a entrada do morto, abre-se apenas no feriado do Tet e no aniversário do primeiro ancestral adorado no local. Os homens entram pela porta da direita, e as mulheres pela da esquerda.

— Este desnível no chão — explicou a moça que nos mostrava a casa — serve para que as pessoas, ao entrarem na capela, se obriguem a olhar para baixo; fazem assim uma reverência diante do altar.

— Uma deferência forçada.

— Muito prático.

Há muitas caixinhas de madeira sobre o altar, dedicadas à memória de cada ancestral. Elas guardam uma placa de pedra contendo, em caracteres chineses, a data de nascimento e de morte. As mais modernas contêm também fotos do morto. No aniversário de cada um deles, a caixinha era aberta enquanto os familiares queimavam incenso e ofereciam comida, colocada sobre o altar.

Nos fundos, há um pátio com um pequeno jardim onde eram enterradas as placentas dos recém-nascidos da família. Segundo a tradição, o ritual impedia que as crianças lutassem entre si quando adultas, mantendo a união do clã.

O mercado, contíguo ao cais por onde passávamos ao sair do hotel, é colorido e movimentado. Vendem de tudo, tanto bugigangas modernas importadas da China quanto os produtos da região, especialmente alimentos, como pescado e temperos, e comida. O cheiro era desagradável, mas tínhamos preguiça de contorná-lo; o sol era muito quente.

Os vendedores, como em todos os mercados até então visitados, e não seria diferente nas próximas semanas, eram por demais insistentes. Bastava pararmos em frente a uma banca para eles não nos abandonarem mais. Às vezes nos seguiam, com os produtos nas mãos, baixando o preço continuamente ou perguntando quanto estávamos dispostos a pagar.

Há diversos bares e restaurantes, principalmente na avenida em frente ao rio, onde nos foi possível saborear uma infinidade de pratos da tradicional cozinha do centro do Vietnã, em especial frutos do mar, como peixe grelhado servido envolto numa folha de bananeira. Encontramos em Hôi An a cerveja mais barata do Vietnã, servida em copos avulsos.

— Deve ter água dentro.

Um bar na rua Lê Loi nos chamou a atenção, a começar pelo nome. Parávamos nesse lugar todos os dias para uma cerveja após o jantar. O Before & Now tinha as paredes pintadas com retratos de personalidades mundiais, entre elas Marx, Lênin, Mao, Che Guevara, Marilyn Monroe, Gandhi e Bono, esse com o corpo do Super-Homem. Havia também caricaturas de mulheres com filhos e metralhadoras no colo.

My Son

Embarcamos para My Son num ônibus repleto de turistas. Ficaríamos apenas um dia fora de Hôi An, e deixamos as mochilas no hotel. Pouco mais de 50 quilômetros depois, percorridos em estradas vicinais por entre grandes lavouras de arroz e pequenas vilas, chegamos à entrada do parque histórico, Patrimônio da Humanidade.

Havia uma estradinha com cerca de 2 quilômetros. Ligava a entrada do parque e as ruínas da antiga cidade, percorrida num jipe que pertencera a algum oficial americano e agora era utilizado para transportar os visitantes, gente que vinha de longe conhecer o que restara da civilização Champa.

Mais um curto caminho e estávamos no pequeno vale ao pé das montanhas Hon Quap. Plantações de café e alguns riachos davam ao local um toque de lugar encantado, beleza que deve ter atraído os cham quando decidiram construir My Son nesta área. A topografia era ideal, protegia os pavilhões, santuários e templos com suas torres altíssimas, oferenda aos deuses hindus.

Durante séculos, enquanto Tra Kieu foi a capital política, My Son foi o mais importante centro intelectual e religioso do reino, além de servir de necrópole aos monarcas entre os séculos IV e XIII. Por isso, quase todos os templos são dedicados aos reis cham e associados com alguma divindade, especialmente Shiva. Algumas das torres chegaram a ter seus topos cobertos de ouro, tal a riqueza proveniente do grande comércio entre eles e os javaneses.

O reino Champa floresceu entre os séculos II e XV. O contato comercial com a Índia influenciou a religião e as artes; o sânscrito foi adotado pelos sacerdotes nas cerimônias religiosas.

Os cham, embora tivessem terras suficientes para sustentar-se pela agricultura, eram semipiratas e costumavam atacar os barcos mercantes que se avizinhavam da costa. Tal política fez deles um povo em constante conflito com os vietnamitas, ao norte, e com os khmer, ao sul. No século XII, eles devastaram os khmer e se apoderaram do delta do Mekong. Séculos mais tarde, no entanto, foram derrotados e completamente absorvidos pelos vietnamitas.

O povo cham forma uma das minorias étnicas do Vietnã, com cerca de 100 mil pessoas. Traços de sua cultura podem ser encontrados nas técnicas de produção de cerâmica, açúcar, arroz, seda, pesca, irrigação e construções ao longo da costa central vietnamita. Cerca de 80 por cento deles são muçulmanos, e os que permanecem hinduístas usam as antigas torres como templos.

Durante a Guerra Americana os vietnamitas utilizaram o local, devido à proteção natural das montanhas, como base militar. A Força Aérea dos Estados Unidos, para desalojar os vietcongues, bombardeou o sítio arqueológico, destruindo a maioria dos prédios históricos, especialmente suas torres, símbolo da arquitetura cham. Das 68 estruturas originais, 25 haviam resistido aos ataques khmer, chineses e vietnamitas ao longo dos séculos. Dessas, vinte foram destruídas pelas bombas americanas e as cinco que se mantiveram em pé sofreram grandes avarias.

A principal torre do complexo, que havia permanecida intacta mesmo após as diversas guerras nos séculos anteriores e aos bombardeios americanos, foi derrubada por um helicóptero que se aproximou com a missão específica de destruí-la.

— Sobrou apenas esta montanha de tijolos — comentei com Ferreira.

— Veja o tamanho dos buracos no chão, provocados pelas bombas.

A agressão ao sítio arqueológico foi tão violenta que Philippe Stern, estudioso da arte cham e curador do museu Guimet, em Paris, escreveu uma carta de protesto enviada ao presidente americano. Richard Nixon então instruiu as forças militares para que matassem todos os comunistas, sem piedade, mas que preservassem os monumentos em My Son.

Richard Nixon havia ganho a eleição, em parte, porque dissera ter um plano secreto para acabar com a guerra. A "Doutrina Nixon" veio a público em julho de 1969 e pedia para as nações asiáticas ajudarem o Vietnã do Sul a se defender do comunismo internacional sem que precisasse do auxílio das tropas americanas.

Apesar dessas manobras, ou talvez por causa delas, Richard Nixon entrou na guerra disposto a vencê-la: o efetivo americano foi aumentado para 543.400 soldados. Ele ordenou um bombardeio secreto contra os vietcongues na fronteira entre Vietnã e Camboja, violando uma longa sucessão de discursos apoiando a neutralidade cambojana. Sem o conhecimento da opinião pública, durante 14 meses mais de 2.700 toneladas de bombas foram lançadas na região.

O príncipe Norodom Sihanouk, que havia determinado a neutralidade do Camboja, tolerava a presença vietcongue em seu território. Aliados ao Khmer Vermelho — partido comunista do Camboja, formado a partir de uma dissidência do Partido Comunista da Indochina, o mesmo que deu origem ao Viet Minh —, eles dominavam metade do país, inclusive o sítio arqueológico de Angkor.

Sob pressão de Washington, no entanto, o príncipe alterou essa política e eles deixaram de ser bem-vindos. Isso no campo diplomático, porque na prática nada mudou. Vietcongues e americanos continuavam se engalfinhando no Camboja.

Em setembro de 1969, o presidente Hô Chí Minh morreu em Hanói, aos 79 anos. Ao contrário do que Richard Nixon esperava, no entanto, os combates não diminuíram de intensidade. Hanói achava que poderia vencer a guerra, e estava disposta a fazê-lo.

Em 1970, devido a sua política dúbia com relação às questões internacionais, Norodom Sihanouk foi deposto pelo então primeiro-ministro Lon Nol, favorável aos Estados Unidos. Com um aliado em Pnong Pen, os exércitos americano e sul-vietnamita atacaram abertamente as bases vietcongues no Camboja. A estratégia era ganhar tempo para o Vietnã.

A invasão provocou protestos em todos os Estados Unidos. Durante uma manifestação estudantil na Universidade de Kent, em Ohio, quatro alunos foram mortos pela Guarda Nacional, atiçando a opinião pública contra o governo. Richard Nixon reagiu com indiferença, e aumentou o ímpeto dos protestos antiguerra.

Em 1971, documentos secretos do Departamento de Defesa foram vazados para o *New York Times*. Chamados de "Papéis do Pentágono", a história ultrassecreta do envolvimento dos Estados Unidos no Vietnã mostrou a deliberada fabricação de razões que levou o país a entrar na guerra e provocou grande decepção entre a opinião pública e os próprios aliados militares.

Austrália e Nova Zelândia retiraram suas tropas e a força americana foi reduzida para 196 mil homens. Ficou estabelecida a data limite de fevereiro de 1972 para a retirada de mais 45 mil soldados. À medida que os protestos contra a guerra cruzavam o mundo, a desilusão crescia e o moral caía entre as tropas. Aumentava o uso de drogas, conflitos raciais e desobediência aos oficiais.

Em 2005, novos documentos, desta vez liberados pela Agência Nacional de Segurança, revelaram que não houve nenhum ataque aos barcos *USS Maddox* e *USS Turner Joy* no dia 4 de agosto de 1964. O forçado incidente no golfo de Tonquim desmascarou a forma grosseira como Lyndon Johnson enganou o povo americano para entrar na guerra no Sudeste Asiático, peça chave em sua política de conter o avanço comunista no mundo.

Deixamos as ruínas de My Son no começo da tarde. Algumas estavam sendo restauradas, em outras era possível entrar. Mas o sol queimava e minha sombrinha, comprada quando da visita das tumbas imperiais em Huê, não me protegia o suficiente. Além do mais, não ficava bem andar para lá e para cá ao abrigo de uma sombrinha toda colorida.

— Se for me fotografar — pedi ao Ferreira —, me avise que fecho a sombrinha.

— Até que fica bonitinho...

Voltamos de barco para Hôi An, uma viagem de pouco mais de duas horas, pelo rio Tha Bon. No caminho chegamos à aldeia Kim Bong, na ilha Cam Kim, onde eram esculpidos os finos entalhes nos móveis e imagens que vimos nas casas em Hôi An. Tivemos oportunidade de visitar uma das fábricas, apreciar demoradamente os artesãos em seu delicado ofício.

My Lai

O Expresso da Reunificação não passava em Hôi An. Em 1916, a ferrovia ligando a cidade a Dà Nang foi destruída por um temporal e ela ficou sem acesso ferroviário. A Rodovia 1, por onde cruzavam os ônibus para o sul, ficava a alguns quilômetros. Precisaríamos nos postar na estrada, torrando no sol, à espera de algum coletivo.

— Quando ele se aproximar, precisaremos ler a indicação do destino e atacá-lo — comentei com Ferreira.

— Além disso, provavelmente não haverá lugar para as mochilas.

— Totalmente impraticável.

Precisávamos de um plano B.

Pergunta daqui, pergunta dali, depois de muito pechinchar resolvemos alugar um carro. Seria a maneira mais prática de sairmos de Hôi An e cumprirmos nosso roteiro, embora não fosse a mais barata.

— Ganharemos tempo — comentamos.

O carro nos levaria à antiga aldeia Xom Lang, na região de Son My. Queríamos render nossas homenagens às vítimas da maior atrocidade da Guerra Americana e depois seguir para Quang Ngãi, a cidade mais próxima, onde pegaríamos o Expresso da Reunificação para Saigon. Seriam 130 quilômetros até o memorial Son My e mais 20 até Quang Ngãi. Feita a visita, embarcaríamos no final da tarde, chegando em Saigon na manhã seguinte.

A agradável viagem pela Rodovia 1 e depois por uma estrada secundária teve um ganho extra: o motorista parava sempre que desejávamos fotografar algo interessante. Mergulhamos na zona rural, passamos pelas tradicionais lavouras de arroz, cruzamos vilas e aldeias, algumas na hora em que os estudantes saíam das escolas e seguiam pela estradinha em suas bicicletas; as meninas com o rosto coberto para não se queimarem ao sol.

Chegamos sob muito calor. O sol iluminava as plantações de milho e arroz, não havia uma nuvem no céu. As palmeiras verde-musgo e os altos eucaliptos davam um toque especial à paisagem rural. O entorno da aldeia, próxima ao mar, transmitia paz e quietude.

— Que lugar bonito — comentei.

Bonito e trágico.

Em 16 de março de 1968, ainda sob o efeito da Ofensiva do Tet, soldados americanos atacaram quatro povoados miseráveis na região de Son My, assassinando 504 moradores civis. A maioria dos fuzilamentos se deu em Xom Lang, onde hoje existe o memorial, mas o crime se tornou conhecido pela opinião pública internacional como o Massacre de My Lai, nome de uma das aldeias destruídas.

Por volta das 7h30 da manhã, após a região ter sido devastada por bombas, canhões, foguetes e rajadas de metralhadoras, a Companhia Charlie, sob comando do capitão Ernest Medina, desembarcou dos helicópteros no lado oeste de Son My em busca de guerrilheiros. Eles não encontraram nenhuma resistência, sequer um único tiro foi disparado durante o assalto. Mesmo assim, tão logo os soldados começaram a procura pelos vietcongues nas casas de estuque cobertas com folhas de palmeira, teve início o genocídio.

O pelotão sob o comando do tenente William Calley invadiu a aldeia Xom Lang e começou a atirar nas pessoas, eliminando os sobreviventes com baionetas. Os soldados jogavam bombas dentro das casas, dos abrigos antiaéreos e dos galpões, matando indistintamente moradores e seus animais de criação. Entre 75 e 150 pessoas desarmadas foram rendidas e levadas para uma trincheira, onde foram metralhadas.

Nas quatro horas seguintes, protegidos por helicópteros e navios de guerra, os pelotões comandados pelos tenentes Stephen Brooks e Jeffrey La Cross reuniram dezenas de camponeses, entre eles mulheres e crianças, e os executaram. Moradores em fuga — de todas as idades — eram fuzilados, e seus corpos, estraçalhados, ficavam espalhados pelo chão. Enquanto o massacre se desenrolava, grupos de soldados estupravam mulheres e meninas.

A violência foi tamanha que o piloto Hugh Thompson e seu artilheiro Lawrence Colburn, revoltados, utilizaram seu helicóptero para ajudar alguns civis a fugirem. Mais tarde, eles contribuíram na divulgação do massacre.

Ao final das atrocidades, entre os 504 mortos jaziam 182 mulheres, das quais 17 grávidas, 173 crianças e 37 homens com idade acima de 60 anos. O soldado Herbert Carter, para simular uma resistência inimiga, atirou em seu próprio pé. Foi o único americano ferido durante a operação.

Conscientes dos crimes cometidos, os oficiais ordenaram aos soldados que não comentassem sobre o ocorrido. Muitos, no entanto, não suportaram o remorso e tornaram público o episódio quando retornaram aos Estados Unidos. Assim que as notícias sobre My Lai foram divulgadas nos jornais, provocaram profundo abalo no moral do exército e revoltaram a opinião pública, desencadeando enorme onda de protestos.

My Lay enterrou de vez a crença popular de que o exército dos Estados Unidos da América estava no Vietnã para defender o povo vietnamita das atrocidades do comunismo internacional. Ao contrário dos veteranos da II Guerra Mundial, que voltavam heróis, os soldados que retornavam do Vietnã eram saudados nas ruas como "Garotos Assassinos".

Em uma operação de fachada, o exército iniciou uma longa investigação. Ao final, culpou alguns militares diretamente envolvidos no massacre, entre eles o tenente William Calley, condenado numa corte marcial. Ele passou três anos numa prisão militar e obteve liberdade condicional. Ficou claro na época, porém, que o tenente, por ser um oficial de baixa patente, não teria agido de forma tão violenta se não tivesse recebido ordens de oficiais superiores, que nunca foram punidos.

O memorial erguido em Xom Lang para relembrar as vítimas mostrava uma dramática escultura de pedra, em tamanho gigante, de uma mulher com o braço direito levantado e o punho cerrado. Ela segurava, no outro braço, uma criança morta. Os demais membros da família, assassinados, estavam estirados a seus pés. Havia coroas com flores, e incenso queimava em frente ao monumento, homenagem dos últimos visitantes.

Os militares americanos, para acobertar o massacre, depois de atear fogo ao que havia sobrado das construções, revolveram o chão. O cenário original, no entanto, foi recriado quando da construção do memorial. O objetivo era mostrar às novas gerações como a aldeia havia sido deixada após os assassinatos. As casas foram reconstruídas em seus locais de origem, cada uma delas identificada com uma placa indicando os nomes e as idades de seus antigos moradores.

Os caminhos entre os arrozais, que na época ligavam as casas da aldeia, foram refeitos, agora em concreto, mostrando os sulcos profundos deixados pelas botas militares e as marcas dos pés descalços da população em fuga. Em meio a um frondoso jardim há um cemitério, onde alguns corpos foram sepultados.

— Olhando melhor — comentei com Ferreira — dá para ver no chão os buracos deixados pelas bombas.

— As montanhas ainda estão sem vegetação, consequência do agente laranja, utilizado para desfolhar as matas e expor os vietcongues.

A grande ironia de My Lai foi a agressão ter sido fotografada por um militar envolvido no ataque. As fotos agora estavam expostas num pequeno museu, ao lado do memorial, ilustrando a carnificina. Mostravam também os esforços dos sobreviventes em reconstruir suas vidas após a guerra.

Durante a viagem tínhamos visto muitas fotos mostrando os horrores das batalhas, mas nada se igualava às cenas das pessoas fugindo com os corpos em chamas, outras sendo assassinadas enquanto pediam misericórdia deitadas no chão. Muitas, inclusive crianças, umas sem pernas, outras sem braços, algumas com as entranhas de fora, afogadas em sangue, tinham as feições retorcidas pelo horror — os olhos pareciam querer saltar do rosto. Os corpos mutilados, espalhados pela aldeia, provavam que haviam sido torturados, por certo para confessarem onde estavam os vietcongues. Ao fundo do cenário, as casas queimavam.

Em primeiro plano, soldados bem nutridos. Com pesadas botas e grossas roupas de guerra a proteger os corpos, manuseavam armas de última geração. Orgulho da tecnologia industrial da América, eram capazes de matar dezenas de seres humanos em poucas rajadas.

Impossível não chorar.

Em 1972, a guerra foi o tema central do pleito americano. O adversário de Richard Nixon, George McGovern, defendia em sua plataforma a retirada completa do Vietnã. Perdeu a eleição.

Henry Kissinger, conselheiro de segurança nacional de Richard Nixon, continuava em negociações secretas com o norte-vietnamita Lê Duc Tho. Em outubro, chegaram a um acordo. Entretanto, o presidente sul-vietnamita exigiu mudanças significativas no tratado. Quando Hanói tornou públicas essas exigências, a Casa Branca acusou os norte-vietnamitas de tentarem embaraçar Nguyên Van Thiêu e as negociações estancaram.

Richard Nixon ameaçava Saigon alegando que faria um acordo bilateral de paz com os norte-vietnamitas. Ao mesmo tempo, para obrigar o Vietnã do Norte a voltar à mesa de negociações, no Natal de 1972 ele mandou bombardear Hai Phòng, cujo porto foi minado, e Hanói. A ofensiva destruiu a maior parte da capacidade industrial e econômica remanescente, arrasou quarteirões inteiros e matou centenas de civis. Em um esforço gigantesco, ainda durante a guerra, os vietnamitas começaram a restauração das construções atingidas.

Em janeiro de 1973, convicto da impossibilidade de vencer a guerra, Richard Nixon anunciou a suspensão das operações no Vietnã. Em troca, Hanói aceitou o regime de Nguyên Van Thiêu. A situação voltava ao estágio anterior, todas as mortes haviam sido em vão: o território vietnamita continuava dividido em dois países, um comunista e outro capitalista.

Os Acordos de Paz de Paris encerraram oficialmente o envolvimento militar dos Estados Unidos no Vietnã. A defesa dos ideais americanos ficaria a cargo dos soldados do Vietnã do Sul. Um cessar-fogo entrou em vigor e os prisioneiros foram libertados, entre eles 590 soldados americanos. A integridade territorial do Vietnã foi garantida. O Vietnã do Norte teve permissão para continuar repondo os suprimentos consumidos por seus 200 mil soldados no sul.

A exemplo da Convenção de Genebra em 1954, eleições foram marcadas para os próximos seis meses nos dois países. O acordo também previa a retirada completa das forças dos Estados Unidos em sessenta dias, único artigo integralmente cumprido. Ficaram "apenas" conselheiros militares e agentes da Cia. No fim do ano, Henry Kissinger e Lê Duc Tho dividiram o Prêmio Nobel da Paz, mas o negociador vietnamita o recusou, alegando que a paz estava longe de ser conseguida. A Guerra Americana tinha sido "vietnamizada", como desejava Richard Nixon.

VIETNÃ PÓS-GUERRA

O Vietnã do Sul, amplamente armado pelos Estados Unidos pouco antes da trégua entrar em vigor, começou a empurrar os vietcongues para o norte, que responderam com uma nova estratégia: com a suspensão dos bombardeios americanos, os trabalhos na trilha Hô Chí Minh e em outras estruturas logísticas deveriam continuar até que o norte estivesse em condições de lançar uma ofensiva em massa contra o sul.

Apesar de George McGovern ter perdido a eleição em 1972, os democratas obtiveram maioria no Congresso. Sob o lema da campanha de McGovern, *Come Home America*, eles dificultavam qualquer nova ação ofensiva que dependesse da aprovação parlamentar.

Em março de 1973, Richard Nixon declarou que voltaria a intervir militarmente no Vietnã caso Hanói violasse o cessar-fogo, mas recebeu críticas tanto do Congresso quanto da opinião pública. Em abril, a Casa Branca indicou Graham Martin como novo embaixador em Saigon. Diplomata de segundo escalão, se comparado aos embaixadores anteriores, sua indicação foi um sinal de que os Estados Unidos haviam desistido do Vietnã.

No Senado, durante a audiência de confirmação como novo secretário de defesa, James Schlesinger afirmou que recomendaria a volta dos bombardeios sobre o Vietnã do Norte caso os comunistas lançassem alguma ofensiva sobre o sul. Em 4 de junho, os senadores aprovaram uma lei que proibia tal ato.

Expresso da reunificação

Viagem entre Quang Ngãi e Saigon
Distância: 860 quilômetros
Tempo: 18 horas

Acordamos o motorista, que nos esperava dormindo embaixo de uma árvore, e iniciamos a curta viagem de My Lai para Quang Ngãi. Almoçamos num pequeno restaurante, no centro da cidade, e fomos para a estação ferroviária, onde o dispensamos. Enquanto eu esperava embaixo das árvores, em frente ao prédio, cuidando das mochilas, Ferreira pegou um mototáxi e foi ao centro comprar algo para comermos no trem.

Em 1962, o governo do Vietnã do Sul, para conter a influência vietcongue na região de Quang Ngãi, lançou um programa de proteção à população rural: os camponeses foram transferidos de suas casas para aldeias fortificadas. A ação teve efeito inverso ao esperado e o povo, contrariado por ter sido obrigado a abandonar suas moradias, reforçou o apoio aos guerrilheiros. Algumas das mais sangrentas batalhas durante a Guerra Americana foram travadas neste estado.

Em outras localidades, no entanto, onde as aldeias recebiam assistência social do governo, a estratégia deu bons resultados. O modelo se baseou na experiência semelhante implantada pelos britânicos na Malásia. Com o assassinato do presidente Ngo Dình Diem, o programa foi abandonado. Mais tarde, os vietcongues admitiram que de todas as táticas utilizadas durante a guerra para neutralizar o apoio popular aos guerrilheiros, essa foi a mais eficiente.

Embarcamos ao final da tarde com duas horas de atraso. Precisamos rapidamente encontrar o *toa* (vagão) 10, a *giuong* (cabine) 3. Minha *loai vé* (passagem) dizia que eu estava no *tang* (segundo andar do beliche). Antes que nos acomodássemos, o trem já havia partido. Imaginamos que pretendia recuperar o atraso nos trechos seguintes.

— Tudo bem — comentei com Ferreira. — Desde que não desencarrilhe.

As cabines em nosso vagão eram iguais às utilizadas na viagem anterior, com a diferença que os colchonetes eram grossos e macios.

— Oba!

— Não sei por que em Ninh Bình nos venderam passagens para um vagão cujos colchonetes eram tão duros — falei. — Eu havia escolhido a passagem mais cara.

— Talvez porque não houvesse mais lugar neste tipo de vagão.

— Tem sentido. Estávamos no meio da viagem, onde ninguém desce do trem. Agora, como muita gente deve ter descido em Huê, sobrou lugar.

Havia um casal inglês no beliche ao lado. Desceriam no meio da viagem, durante a noite. Estavam agitados: temiam passar direto. Desembarcaríamos em Saigon, no fim da linha, na manhã seguinte, não tínhamos tais preocupações. Acomodamos as mochilas e tratamos de descansar. Havíamos saído de madrugada de Hôi An, um cansativo, agitado e muito emotivo dia. Ferreira se deitou.

Como ainda estava claro, fui para o vagão com poltronas, na primeira classe, ler um pouco mais de meus apontamentos sobre o Vietnã. Um aspecto me interessava em particular: os movimentos de contracultura — a ruptura ideológica do *establishment* —, organizados ao redor do mundo, desencadeados pelos protestos contra a guerra.

Woodstock

A participação cada vez maior do exército americano no Sudeste Asiático, atacando alvos no Camboja e Laos, além do Vietnã, e a brutalidade dos bombardeios aéreos — especialmente imagens de pessoas pegando fogo, incendiadas pelas bombas de napalm — despertou uma grande reação civil contra a guerra. Em São Francisco, um grupo de jovens lançou o movimento "Paz e Amor", baseado no princípio da não violência.

Nascia a contracultura dos anos 1960. Tendo à frente o movimento hippie, exerceu enorme influência nos costumes das gerações seguintes, irradiando-se pelo mundo. Se a rica sociedade americana era capaz de cometer tamanho crime — destruir uma pobre sociedade camponesa no Terceiro Mundo —, deveria ser rejeitada.

O americano médio cortava o cabelo à moda militar; a contracultura estimulava o cabelo comprido e a barba longa. O americano típico tomava banho; o movimento se opunha a ele, e todos deveriam andar sujos. A contestação se generalizou: o americano médio usava terno e gravata; os hippies adotaram calças de brim e sandálias.

A filosofia hippie se opunha radicalmente aos valores culturais considerados importantes nos países industrializados: trabalho, patriotismo, nacionalismo, ascensão social. Contestava, em especial, a estética padrão vigente no mundo da época. Repudiava a sociedade urbana e tecnológica, estimulava o comunitarismo rural e a atividade artesanal.

Famílias inteiras passaram a viver da fabricação de pequenas peças, de anéis e colares. Ato extremo de rebeldia, aderiram à maconha, aos ácidos e às anfetaminas. Propagou-se o amor livre, aboliu-se o casamento convencional, o rock'n'roll renasceu e surgiram os mochileiros, andarilhos que dispensavam confortos materiais em suas andanças pelo mundo. Expunham seus produtos em tabuleiros, nas calçadas, onde criavam os filhos.

Entre 15 e 18 de agosto de 1969, o festival de Woodstock, realizado numa fazenda de 600 acres de propriedade de Max Yasgur, na cidade rural de Bethel, nos arredores de Nova York, reuniu 500 mil pessoas para ouvir 32 dos mais conhecidos músicos da época, criticar a guerra, praticar o amor livre e fumar maconha. Soldados passaram a ser malvistos.

Em sintonia com as esperanças idealísticas da rapaziada, o encontro se tornou lendário, um dos maiores momentos na história da música popular. Mesmo contando com uma qualidade musical excepcional, o destaque foi a harmonia social e a atitude pacifista do imenso público: apenas duzentas pessoas foram presas por ofensas, embora a maioria estivesse sob efeitos de drogas. Ocorreram duas mortes: uma por overdose e outra por atropelamento.

O primeiro dia reuniu diversos astros da folk music. A atmosfera sonora era quase toda acústica e várias canções refletiam os conturbados anos 1960. Country Joe fez o povo cantar *I feel like I'm fixing to die*, uma afiada sátira à Guerra do Vietnã. Tim Hardin tocou a poética *If I were a carpenter* e Joan Baez, antes de criticar os conservadores com *Drugstore truck driving man*, denunciou a prisão do marido pelos agentes federais.

O segundo dia contou com a presença dos principais artistas psicodélicos e de rock do festival, entre eles Santana. Mountain tocou *Theme for an imaginary western*, de Jack Bruce; Janis Joplin arrasou com *Piece of My Heart* e *Ball & Chain*. A apresentação do The Who, que incluiu a ópera-rock *Tommy*, começou às 4 da madrugada.

O terceiro dia abriu às 14 horas, com Joe Cocker. Os shows atrasaram e ao nascer do sol do dia seguinte o concerto continuava. Após o repertório de Joe Cocker, um temporal interrompeu as apresentações por horas. Country Joe and the Fish continuou às 6 da tarde. Jimi Hendrix, após ser apresentado à plateia como Jimi Hendrix Experience, corrigiu o nome do grupo para Gypsy Sun and Rainbows. Ele cantou 16 músicas. Durante a apresentação de *Red House* uma corda da guitarra estourou, mas, para delírio da plateia, Jimi Hendrix continuou tocando com as cinco restantes.

A banda The Doors havia concordado em tocar, mas desistiu em cima da hora. Jim Morrison, num momento de paranoia, teve medo de que alguém atirasse nele e o matasse quando pisasse no palco. Led Zeppelin também recusou. O empresário da banda explicou que em Woodstock eles seriam apenas outro grupo na parada. Os promotores entraram em contato com John Lennon, pediram para os Beatles participarem. Ele disse que só tocariam se a Plastic Ono Band, de Yoko Ono, também fosse convidada.

A exigência foi recusada. Queria-se liberdade, não imposições.

Poucos meses depois assisti ao documentário sobre o festival. Em Cachoeira do Sul, dia após dia fazíamos enormes filas em frente ao Cine Teatro Coliseu para rever as cenas daqueles malucos cabeludos; alguns nus, outros com os filhos no colo. Cantávamos com eles as músicas que também tocavam em nossos corações.

Agora eu estava no Vietnã, estopim dessa história. Encontrei o vagão-restaurante. Chamei Ferreira e fomos para lá, comer algo. A viagem era longa, não tínhamos pressa. Tomamos cerveja e conversamos sobre a guerra, especialmente a parte que nos dizia respeito mais de perto: a rebelião juvenil daquela época.

Nos Estados Unidos a revolta se estendeu aos campi universitários; engrossava passeatas e grandes concentrações populares, inclusive em Washington. Milhares de jovens se negaram, pela vez primeira na história do país, a servir ao exército: desertavam ou fugiam para o exterior. Um deles, Bill Clinton, mais tarde chegaria à presidência da República.

A grande imprensa, então numa posição confusa, começou a criticar o conflito. Nasceu o grupo Panteras Negras, que pregava a guerra contra o mundo branco americano tanto quanto os vietcongues. Os militaristas tinham inimigos dentro e fora de casa.

As passeatas contra a guerra alimentaram manifestações pelo mundo: em março de 1968, os estudantes brasileiros se rebelaram contra a ditadura militar, implantada no país em 1964; em maio, surgiu na França uma revolta universitária contra o governo de Charles de Gaulle. Atos semelhantes ocorreram no México, na Alemanha e na Itália. Na Tchecoslováquia tivemos a Primavera de Praga, rebelião contra a repressão comunista soviética no país.

— O filósofo marxista alemão Herbert Marcuse, que dava respaldo intelectual ao movimento rebelde, declarou certa vez que a verdadeira revolução seria feita pelos estudantes e outros grupos não assimilados pela sociedade de consumo — comentei com Ferreira.

Havíamos passado os primeiros anos da juventude sob a influência do rock'n'roll e do movimento hippie, Ferreira mais do que eu. Ele morava em Porto Alegre; eu morei em Cachoeira do Sul, a 200 quilômetros da capital, até entrar na universidade, em 1975, quando nos conhecemos.

Tanto na capital como no interior, embora em graus diferentes, fomos envolvidos pela onda de rebeldia — que varreu o mundo — surgida a partir dos movimentos contra a guerra no Vietnã. Um primo mais velho, Nei Machado, fundou uma banda de rock chamada The Killers. Ensaiavam na garagem, sob nossos aplausos. Um vizinho se envolveu com drogas, precisou abandonar a escola. Conhecido como "boleteiro", nunca mais se recuperou. Uma amiga adolescente fugiu de casa com o namorado hippie, foram vender artesanato no litoral. Um escândalo, a família era de gente conceituada.

Usávamos roupas estranhas. Uns mais, outros menos, éramos todos cabeludos. E amávamos os Beatles e os Rolling Stones.

Vez por outra, ao folhearmos uma revista, deparávamos com fotos coloridas mostrando corpos de vietcongues ensanguentados. Naquela época não tínhamos a noção exata do que acontecia, nem sabíamos que aqueles cadáveres estavam na raiz da nossa revolta juvenil. E nos marcariam para o resto de nossas vidas.

Voltamos ao carro-dormitório. Passamos pelos vagões da segunda classe, onde famílias inteiras de vietnamitas dormiam estendidas sobre os bancos. Alguns deles, deitados no corredor, nos obrigavam a pular sobre seus corpos amolecidos, as roupas empapadas de suor. Na penumbra, pareciam aqueles vietcongues das revistas. Apesar de noite alta, fazia calor. O vento que entrava pelas janelas do trem espalhava o ar pegajoso.

Nossos companheiros de cabine desceram na madrugada, quando só então dormimos plenamente. Enquanto estiveram conosco, preocupados em não perder a parada, fizeram muito barulho e a todo momento acendiam as luzes para consultar os mapas, ao contrário do casal vietnamita com quem dividimos os beliches na viagem anterior. Mesmo com um filho pequeno, não atrapalharam nosso descanso.

Pela manhã a composição entrou apitando pelos subúrbios de Saigon, a maior cidade do país. O trem diminuiu a velocidade e pudemos ver, pelas grandes janelas de vidro, o desfile dos casebres, paisagem comum a toda periferia dos grandes centros urbanos. A antiga "Paris do Oriente" agora se chamava Hô Chí Minh.

Saigon

Altitude: nível do mar
Latitude: 10° 45' 43.86"
Longitude: 106° 39' 36.02"
Distância de Porto Alegre: 16.890km

Desembarcamos na enorme estação ferroviária central, no Distrito 3, pouco depois das 9 da manhã. Pegamos um táxi e fomos para o Phi Long, um mini-hotel na rua Bui Vien, no bairro Pham Ngu Lao, reduto dos mochileiros que visitam Saigon. A região ficava no Distrito 1, no coração da metrópole, onde estavam os lugares que desejávamos visitar, antigos e modernos: museus, palácios, parques, mercados, teatros, templos, igrejas, mesquitas, hotéis, prédios históricos, restaurantes, bares e boates.

Outro bairro importante, Cholon, popularmente conhecido como Chinatown, que também desejávamos conhecer, ficava em outra área, no Distrito 5, aonde pretendíamos ir num passeio extra. Ele era famoso pelos pagodes, templos, mesquitas e igrejas, além de um grande mercado. A região metropolitana era enorme, uma das mais populosas do mundo, mas os pontos de interesse ficavam concentrados no centro, próximo ao rio Saigon, onde sua história teve curso.

A Saigon dos Nguyên foi conquistada pela França em 1859, tornando-se capital da colônia francesa da Cochinchina. Entre 1956 e 1975, a cidade foi capital da República do Vietnã, o tal Vietnã do Sul. Quando o Vietnã do Norte derrotou o Vietnã do Sul, ela teve o nome mudado para Hô Chí Minh, em homenagem ao grande general.

A resistência dos moradores à mudança do antigo nome acabou gerando uma solução curiosa: oficialmente ela se chama Cidade de Hô Chí Minh, mas a região central continua sendo conhecida por Saigon. É como se o antigo nome se restringisse ao centro histórico. Os ônibus que chegam ao centro, vindos da periferia, ou mesmo de outras cidades, indicam como destino, em seus para-brisas, Sài Gòn.

Quando a França transformou a região numa colônia, deu aos lugares nomes franceses. Em 1954, os locais foram renomeados pelo Viet Minh. A rua Catinat, conhecida de quem leu *O americano tranquilo*, de Graham Greene, passou a chamar-se Tu Do (liberdade). Após a reunificação, o nome foi novamente alterado, dessa vez para Dông Khoi.

Durante a Guerra Americana, quando os civis falavam com os vietcongues, citavam os lugares pelos antigos nomes, da época da luta do Viet Minh contra os franceses; quando falavam com os oficiais do exército do Vietnã do Sul, referiam-se aos locais pelos nomes dados após a separação do país em Sul e Norte. Em 2000, o Comitê do Povo, órgão que governa a cidade, alterou os nomes de mais de 150 ruas.

Outro aspecto curioso: um terço da população vive de forma ilegal. Ao final da guerra, com a instalação do regime comunista, eles foram obrigados a se transferir para campos de reeducação na zona rural ou a deixarem o país. Aos poucos, no entanto, voltaram para a cidade de forma clandestina. Não têm documentos, o que os impede de serem proprietários dos imóveis onde vivem ou abrirem um negócio próprio.

O dia anterior e a viagem de trem haviam sido cansativos, então aproveitamos para descansar e fazer contato com a culinária do sul do Vietnã, uma cozinha influenciada pela longa permanência francesa. Há uma grande quantidade de pequenos restaurantes servindo comida feita na hora, onde também se pode beber a tradicional cerveja 333. A gostosa Ba Ba Ba é a mais popular bebida do sul do Vietnã, concorrente direta da nortista Bia Hoi.

Na manhã seguinte fizemos nosso desjejum no Pho 2000, restaurante onde Bill Clinton comeu *pho bò* — a sopa de macarrão com carne de boi — quando visitou Saigon após ter deixado a presidência dos Estados Unidos. As paredes estavam decoradas com fotos dele posando ao lado dos funcionários; o local virou ponto de atração turística. Mais pela localização, numa área central, do que pela qualidade da comida. Essa, como logo descobrimos, era mais saborosa quando feita nos mercados públicos ou nos pequenos restaurantes de rua, sempre à vista do cliente.

Visitamos o templo hindu, único da cidade. Construído no final do século XIX, é dedicado à deusa Mariamman. Existe apenas uma centena de hinduístas em Saigon, mas o templo tem grande valor religioso e arquitetônico, bem como a bela mesquita central, nas proximidades. Azul e branca, com quatro minaretes e uma piscina para os rituais de purificação, ela serve, juntamente com outras 12 mesquitas, aos cerca de 5 mil muçulmanos que vivem na antiga capital.

Caminhamos até o mercado Ben Thanh, onde almoçamos: peixe frito ao molho de peixe, arroz, tomate e pepinos. De sobremesa, pudim de arroz com leite de coco e gelo, tomado de canudinho. Pelo menos na hora da sobremesa não precisamos usar os pauzinhos. Estávamos nos aproximando do final da viagem; aproveitamos para comprar algumas camisetas, lembranças da visita ao Vietnã.

Perdemos mais tempo na pechincha do que na escolha dos padrões. Oferecíamos 10 por cento do valor pedido, para no final pagarmos entre 30 e 40 por cento. Os próprios vendedores concorriam entre si. Parávamos em frente a uma banca, escolhíamos um produto e logo vinham eles, de diferentes lugares, com mercadoria similar nas mãos, cada qual oferecendo por menos.

— Capitalismo selvagem — comentei com Ferreira.
— Aprenderam com os americanos.

Na saída fotografamos a estátua equestre de Trân Nguyên Hai, no centro da movimentada rótula em frente ao Ben Thanh. Percorremos dois mercados de rua, um deles de antiguidades, descansamos na praça Lam Son, onde tomamos água de coco, e fomos até o magnífico edifício dos correios. Aproveitamos para conhecer a catedral de Notre Dame, construída entre 1877 e 1883. Belamente preservada, ao contrário da catedral em Hanói, suas duas torres com 40 metros de altura dominam o quarteirão. Depois nos dirigimos ao teatro Municipal. Estava em reforma, não pudemos visitá-lo.

O teatro fica perto do hotel Rex, onde os oficiais americanos se hospedavam durante a guerra. Era um dos prédios mais controlados da cidade; os generais não gostavam de se arriscar. Agora, por alguns trocados, mesmo não sendo hóspede se pode usar a piscina ou jantar no restaurante da cobertura. Ou apenas tomar uma cerveja e apreciar a cidade do alto.

Na mesma praça está o palácio onde funciona o Comitê do Povo. Antiga sede do governo francês, embora seja o mais belo e imponente edifício de Saigon, não é possível visitar o interior. Mas em frente dele, atrapalhando a todos que o desejam fotografar, há uma enorme estátua de Hô Chí Minh rodeada de coroas. Haviam sido colocadas há pouco tempo, as flores continuavam frescas.

Ironicamente, por cima do ombro da imagem do general, no topo de outro prédio, reluzia o logotipo de um banco estrangeiro.

Vestígios da Guerra

Reservamos o dia para visitar o museu War Remnants, este sim aberto aos estrangeiros e com as informações em inglês, a começar pelo próprio nome. Repositório dos horrores da Guerra Americana, o acervo mostra as vítimas do holocausto em situações capazes de constranger o mais belicoso dos generais; e era esse mesmo o objetivo da exposição. O nome anterior, Museu dos Crimes de Guerra Americanos e Chineses, foi alterado para atender aos pedidos dos países, mas a mensagem ficou.

Veículos militares, aviões, helicópteros, tanques, canhões, bombas (a BLU-82, conhecida como bomba sísmica, destruía tudo que estivesse num raio de 100 metros; a CBU-55B era letal num raio de 500 metros), lança-chamas, bazucas, granadas, armas de todos os calibres, maquetes, fotografias, desenhos e utensílios civis contam a história do conflito, o inferno vivido pelos vietnamitas sob as botinas dos militares estrangeiros.

A maioria das fotos, como as do massacre em My Lai, havia sido publicada na mídia internacional, mas reunidas num único local, ao lado de diversos artefatos de guerra, davam uma ideia mais precisa das atrocidades cometidas por chineses, franceses e, em especial, americanos.

Impressionam algumas fotografias de crianças com deficiência física, resultado da poluição ambiental provocada pelos agentes químicos, como o agente laranja, e que acabaram contaminando a terra e o lençol freático de grande parte do país. Igualmente horríveis são as fotos mostrando crianças mutiladas pelas bombas de napalm, algumas fugindo com o corpo em chamas, o horror exposto nas faces.

Vimos algumas armas produzidas especialmente para a guerra, utilizadas de forma secreta durante o conflito por estarem em fase experimental. Uma delas era capaz de atirar, num único disparo, milhares de dardos em direção aos soldados inimigos. Havia também uma das diversas guilhotinas usadas pelos franceses para decapitar os vietnamitas que lutavam pela independência.

Chama a atenção, por outro lado, a quase total ausência dos soldados vietcongues e norte-vietnamitas, a não ser como vítimas, dando-nos a impressão de que não houve uma guerra, mas um massacre de um exército estrangeiro contra a população indefesa. Nem os soldados sul-vietnamitas escaparam: podiam-se ver as jaulas onde eles aprisionavam os vietcongues capturados em batalha.

A exemplo do que tínhamos visto em outros museus, havia uma coleção de pôsteres de diversas partes do mundo, em muitas línguas, condenando a guerra. Segundo as placas informativas, os movimentos não apenas eram antiguerra como apoiavam o povo vietnamita. Outra coleção era formada por desenhos de crianças entre 8 e 13 anos retratando os horrores da guerra. O tema principal eram os jovens com deficiência física provocada pelo agente laranja.

Aberto ainda em 1975, o museu já recebeu 10 milhões de visitantes entre vietnamitas e estrangeiros.

— Por ironia — comentei com Ferreira —, este prédio pertencia ao Serviço de Informação do exército dos Estados Unidos.

Em agosto de 1974, o vice-presidente Gerald Ford assumiu a presidência dos Estados Unidos. Richard Nixon, envolvido no escândalo de espionagem do edifício Watergate, onde funcionava a sede do Partido Democrata, havia renunciado. Nessa época, o Congresso tinha reduzido a ajuda financeira ao Vietnã em milhões de dólares.

Após uma série de confrontos, quando os vietcongues reconquistaram parte do território perdido no ano anterior, o presidente Nguyên Van Thiêu declarou que os Acordos de Paris não tinham mais efeito. A guerra havia recomeçado. Durante o cessar-fogo, os sul-vietnamitas sofreram mais de 25 mil baixas.

Embalados pelo sucesso das ofensivas de 1974, o Vietnã do Norte atacou o estado de Phuoc Long, e a capital caiu em janeiro de 1975. O presidente americano solicitou ao Congresso uma verba adicional para reequipar militarmente o exército do Vietnã do Sul, mas teve o pedido negado. A falta de assistência americana deixou a elite sul-vietnamita desmoralizada e a corrupção e o desespero tomaram conta do país.

VIETNÃ PÓS-GUERRA

 O comando norte-vietnamita decidiu que a cidade de Pleiku — onde iniciara a guerra terrestre — deveria ser tomada. Em março de 1975, com tanques e artilharia pesada, deram início a uma grande ofensiva militar que os levou a capturar uma a uma as cidades ao sul do rio Ben Hai, entre elas Huê e Dà Nang.

 Os soldados do Vietnã do Sul desertavam na mesma velocidade em que os norte-vietnamitas avançavam, e cerca de 100 mil se renderam. Em poucas semanas o Vietnã do Norte passou a ter o controle de metade do território do Vietnã do Sul. A seguir, as tropas receberam ordens de lançar a ofensiva final contra Saigon.

 Em 7 de abril, o exército do Vietnã do Norte atacou Xuan Loc, 64 quilômetros a leste da capital. Os soldados enfrentaram uma resistência desesperada durante duas semanas, última tentativa de os sulistas barrarem o avanço norte-vietnamita. Em 21 de abril, com a rendição dos esgotados defensores, o presidente Nguyên Van Thiêu, no poder desde 1967, renunciou ao cargo, acusando Gerald Ford e o Congresso dos Estados Unidos de traição. Ele fugiu para Taiwan, deixando o governo nas mãos do general Duong Van Minh.

 O exército entrou em colapso em todas as frentes de guerra. Os civis fugiam pelas estradas à frente das tropas vindas do norte, cada vez mais perto da capital, congestionando a Rodovia 1. Em 27 de abril, 100 mil soldados cercaram Saigon, defendida por 30 mil sul-vietnamitas. Para aumentar o pânico, os vietcongues bombardearam o aeroporto, que foi obrigado a fechar. Com a fuga por ar suspensa, milhares de civis em desespero se viram sem ter como sair do Vietnã.

 A última ala do museu, chamada de Réquiem, é dedicada aos jornalistas que morreram durante o conflito. Dezenas de correspondentes de guerra, vítimas de acidentes e do fogo cruzado, perderam a vida no Vietnã, Laos e Camboja. Ao lado das fotos de 134 deles, de 11 nacionalidades, e de um breve currículo, onde constam as circunstâncias de suas mortes — ou desaparecimentos — estão as matérias enviadas aos seus veículos. Estampavam as capas das revistas e as primeiras páginas dos principais jornais do mundo, a maioria delas premiadas em seus países; ou eram veiculadas pelas tevês, denunciando os horrores da guerra.

Foi a última vez que a imprensa acompanhou com liberdade uma guerra. A ponto de alguns generais americanos atribuírem à mídia parte da derrota no Vietnã. Imaginavam eles que, sem o conhecimento das atrocidades cometidas pelos soldados, a opinião pública não teria reagido com tanta veemência contra a participação dos Estados Unidos no Sudeste Asiático, e o exército poderia varrer do mapa a civilização vietnamita.

Para salvá-la do comunismo.

Passamos uma tarde percorrendo as livrarias e lojas de discos no centro de Saigon. Eu queria comprar o livro *The Sorrow of War*, escrito por Bao Ninh. Ele havia criado uma bela história de amor e perda, que se passava durante a guerra, e mostrava que os soldados vietnamitas sentiam os mesmos medos e desejos dos soldados americanos. Poucos livros foram escritos retratando o lado mais humano do conflito, e esse era considerado o melhor deles.

Comprei também *Vietnamerica*, do jornalista americano Thomas A. Bass, sobre o drama das crianças deixadas no Vietnã por seus pais, soldados americanos. Pouco se escreveu sobre o assunto e esse é um dos melhores livros. Discriminados pela sociedade conservadora em seu país, onde eram considerados "filhos do pó", alguns dos que foram levados para os Estados Unidos por entidades humanitárias enfrentaram problemas ainda piores, vítimas também do choque entre duas civilizações.

Adquirimos alguns livros sobre culinária vietnamita e muitos discos com música folclórica e pop, todos por um preço bem inferior aos praticados no Brasil. Pagamos 4 dólares pelo CD duplo *Lúc Móy Yêu*, da cantora Phaiong Vy, a ídolo número um do país. Algumas faixas eram cantadas em inglês, outras em vietnamita. Os discos com músicas típicas do Vietnã saíram ainda mais baratos.

— Se aqui as multinacionais podem vender um disco por este preço — perguntei ao Ferreira —, por que no Brasil pagamos tão caro por CDs e livros?

— Não tem explicação.

Descobrimos numa aleia entre a rua Bui Vien e a avenida Pham Ngu Lao, pertinho do hotel, um pequeno restaurante em que as mesas ficavam na rua, num lado da viela, e a cozinha no outro lado. Entre os clientes e o fogão, os transeuntes. A cozinha era, na verdade, um fogão embaixo de uma meia-água.

— Boa ideia — comentei com Ferreira.

— Livra a gente da fumaça e do calor do fogão.

Podíamos ver o cozinheiro preparando nosso jantar numa incandescente panela wok, um dos utensílios mais utilizados da cozinha asiática. Ferreira, um gourmet de mão cheia, explicou a utilização dessa técnica culinária surgida na China. Wok significa recipiente para cozinhar e é uma panela prática para economizar combustível.

— Pode-se cozinhar todos os ingredientes num único recipiente e, graças à boca larga, que permite ao calor se espalhar uniformemente, reduz o tempo de cozimento, economizando combustível.

— Tem alguma coisa a ver com comer com pauzinhos?

— Os ingredientes são cortados em fatias, o que justifica a utilização dos pauzinhos em vez dos talheres convencionais.

Ferreira havia escolhido um peixe frito, eu havia pedido rã à milanesa. Com alface. Primeiro o cozinheiro preparou o molho, misturando diversos ingredientes. Fritou a rã, passou a farinha, e me serviu um belo prato, enfeitado com ervas aromáticas.

— Está gostoso? — perguntou Ferreira, enquanto esperava o peixe.

— Sim. Mas os ossinhos da rã são muito fininhos, quebram-se na boca, quase nem dá para senti-los.

Palácio da Independência

Outra visita que merecia um dia inteiro era o Palácio da Independência. Antiga sede do governo do Vietnã do Sul, um dos símbolos do país, atualmente é um museu. Situado no belo parque Công Vien Van Hoa, foi uma longa caminhada desde o hotel.

Em 1868, foi construída no parque a residência do governador-geral da Cochinchina francesa. Ampliado nos anos seguintes, transformou-se no palácio Norodom. Com a independência, em 1954, ele foi ocupado por Ngo Dình Diem. Foi bombardeado em 1962, numa tentativa de golpe de Estado para derrubar o presidente. Preocupado em se prevenir contra novos atentados, Ngo Dình Diem mandou construir um abrigo antibombas no subsolo, mas não chegou a vê-lo pronto: foi assassinado antes por seus próprios oficiais.

O novo prédio, concluído em 1966, denominado Palácio da Independência, foi utilizado pelo presidente Nguyên Van Thiêu até 1975, quando fugiu pouco antes da chegada das tropas norte-vietnamitas. Com exceção de uma estátua de Hô Chí Minh, adicionada ao pátio, o palácio permanece como foi encontrado pelos vietcongues.

Projetado pelo arquiteto Ngo Viêt Thu, formado em Paris, trata-se de um símbolo da arquitetura dos anos 1960. É decorado com móveis, tapetes e quadros representativos da mais bela arte vietnamita. Foi-nos permitido percorrer todos os corredores, do subsolo ao heliporto, passando pelos amplos salões, pátios com jardins e a ala residencial, com direito a assistir a um filme sobre a história do país.

No final da película, que se baseava em imagens de guerra e mais guerra, tocaram o hino nacional vietnamita. Acenderam-se as luzes e o guarda, em frente à tela de projeção, solicitou que levantássemos e ouvíssemos a música em pé.

A parte mais estimulante da visita, no entanto, foi percorrer os infindáveis corredores do subsolo, transformado em salas de comando militar. Em um momento de distração dos guardas pude sentar na mesa onde o presidente comandava a guerra a partir de um velho aparelho de telefone, daqueles pretos de antigamente. Nas paredes, os mapas do Vietnã em grande escala nos permitiram repassar as regiões por onde havíamos andado nas semanas anteriores.

Com Saigon cercada, o caos se instalou; civis e militares tentavam fugir de qualquer maneira. A lei marcial foi declarada e helicópteros começaram a evacuar autoridades vietnamitas, americanas e estrangeiras, partindo de diversos bairros, especialmente da embaixada dos Estados Unidos, onde os fuzileiros escorraçavam a baionetas os civis que se aproximassem do prédio. A operação de evacuação havia sido adiada até o último momento porque o embaixador Graham Martin acreditava que Saigon pudesse resistir até que algum acordo político impedisse a invasão da capital.

Na manhã de 29 de abril de 1975, o secretário John Schlesinger anunciou o fim da que foi considerada a maior operação de resgate por helicópteros da história, e que ocorreu em meio a uma atmosfera de pânico, com multidões lutando por um lugar em cada um que conseguia decolar. As imagens dramáticas das aeronaves deixando o teto do edifício da embaixada correram o mundo, a maior humilhação que o exército dos Estados Unidos já enfrentou.

Essenciais na evacuação da embaixada, os helicópteros UH voavam enquanto os tanques inimigos forçavam as entradas e as defesas nos subúrbios da cidade, capturando edifícios e instalações-chaves. Símbolo da guerra, tiveram um papel decisivo na remoção de combatentes feridos, no desembarque de tropas na selva e no fornecimento de suprimentos e munição aos soldados em terra. Durante o conflito foram modernizados em sua capacidade militar, com foguetes e metralhadoras para apoio aos combates terrestres.

Nas primeiras horas da manhã do dia 30, os últimos fuzileiros navais deixaram a embaixada, enquanto civis invadiam o pátio e se espalhavam pelo gramado. Muitos deles, expulsos a botinadas dos helicópteros, tinham trabalhado para os americanos e foram deixados para trás, entregues à própria sorte. Que, como logo descobririam, seria macabra. Enquanto isso, os soldados americanos que haviam conseguido fugir descansavam nos navios de guerra ancorados na costa do Vietnã.

Após visitarmos demoradamente o interior do palácio, com algumas das salas ornadas com fotos da guerra, mostrando sempre o heroísmo dos soldados vietnamitas e a agressividade grotesca dos militares americanos, saímos para os jardins. Queríamos ver os helicópteros e tanques expostos entre as árvores do parque, especialmente o primeiro tanque a invadir a sede do governo sul-vietnamita, que estava logo à entrada.

Às 11h30 da manhã do dia 30 de abril de 1975, ele arrebentou os portões de aço do palácio presidencial, cena fotografada e reproduzida nas capas de todos os jornais do mundo à época, e entrou triunfante no pátio do palácio. Atrás dele, os soldados seguiram sem encontrar resistência. Uma bandeira da Frente Nacional de Libertação foi hasteada na sacada do quarto andar; havia caído o governo do Vietnã do Sul.

O sucessor do presidente Nguyên Van Thiêu, general Duong Van Minh, há apenas 42 horas no poder e que aguardava no segundo andar, tentou fazer uma rendição formal.

— Estou esperando desde cedo para transferir-lhe o poder — disse ao oficial vietcongue que o encontrou.

— Você não pode transferir o que você não tem — respondeu o militar.

Duong Van Minh deu seu último comando, ordenando a rendição geral de todas as tropas sul-vietnamitas.

A Guerra Americana chegava ao fim depois de 14 anos, com a vitória do regime comunista, mas a um custo extremamente alto. Segundo dados oficiais de Hanói, 3 milhões de vietnamitas foram assassinados, entre eles 2 milhões de civis, a maioria vítima de bombas. Dois milhões ficaram feridos e 300 mil ainda são dados como desaparecidos. Seus familiares continuam procurando pelos corpos no Vietnã, Laos e Camboja, muitos usando médiuns para tentar entrar em contato com seus espíritos.

Segundo Washington, 3,14 milhões de americanos serviram no Vietnã, dos quais 7.200 eram mulheres. Desses, 58.183 morreram ou foram dados como desaparecidos. Organizações de veteranos de guerra e familiares ainda procuram pelos corpos de 2.200 soldados no Vietnã, Laos e Camboja. Os Estados Unidos gastaram 165 bilhões de dólares, acarretando um grande déficit no orçamento federal. As perdas materiais incluíram 3.689 aviões e 4.857 helicópteros.

— O Vietnã demonstrou que a vontade política, mais que o poder material, foi o fator decisivo no resultado do conflito — comentei com Ferreira.

A história oficial da guerra, registrada nos anais do exército dos Estados Unidos, chama a atenção para um aspecto interessante:

"As táticas da guerra frequentemente pareciam existir à parte das estratégias e dos objetivos maiores. No Vietnã, o exército experimentou uma vitória tática e uma estratégia fracassada. A lição a ser aprendida é que os fatores sociais, culturais, políticos, humanos e históricos devem sempre se sobrepor ao fato militar.

"O sucesso não recai apenas num progresso militar, mas numa análise correta da natureza de um conflito em particular, entendendo a estratégia inimiga e reconhecendo as forças e deficiências dos aliados. Uma nova humildade e uma nova sofisticação de métodos devem formar a melhor parte de uma herança complexa deixada para o exército americano pela longa e amarga guerra no Vietnã."

Em 1977, o presidente Jimmy Carter instituiu o perdão a cerca de 10 mil desertores do serviço militar exilados, permitindo que voltassem para casa. A guerra havia acabado também para as famílias dos americanos que se negaram a lutar no Vietnã.

O Vietnã, pelo jeito, havia superado os traumas da guerra. Ou, pelo menos, havia decidido que ganhar dinheiro era melhor que atirar em soldados americanos. Não sei se Hô Chí Minh concordaria, mas alguns salões do Palácio da Independência, um dos símbolos de Saigon, podiam ser alugados por qualquer mortal, desde que tivesse dinheiro. Reuniões, banquetes, casamentos ou festas de aniversário eram bem-vindos, podendo ser agendados por telefone ou pela Internet.

— Quem sabe você aluga o palácio e faz uma exposição com fotos que você tirou no Vietnã? — sugeri ao Ferreira.

— Tem o contato?

— Está aqui, no verso do bilhete de entrada.

Caminhando pelas ruas do bairro onde ficava nosso hotel encontramos Molina, o jogador argentino a quem havíamos dado a erva-mate em Dà Nang.

— Olha só — disse Ferreira —, não é o Molina?

Estava parado na esquina, olhando o movimento. Foi um belo reencontro. Esperava o voo que o levaria a Paris, no dia seguinte, e de lá a Buenos Aires. Outros brasileiros também estavam na cidade, esperando as conexões para o Brasil, mas não os encontramos.

Em Saigon vimos mulheres usando calças jeans, algo que ainda não havíamos notado nas outras cidades. Outras iam além: pilotavam suas scooters vestindo minissaias que deixavam de fora suas pernas cor de porcelana. A antiga capital tinha o dobro da população de Hanói, os edifícios mais altos, a arquitetura mais moderna e um clima mais cosmopolita. Havia shoppings com lojas de grife europeias e americanas e alguns prédios, nos pontos mais movimentados, ostentavam grandes luminosos com as tradicionais marcas mundiais. Não diferia muito de São Paulo.

— Não fosse a quantidade exagerada de motos — comentei com Ferreira — nem pareceria o Vietnã.

Batendo perna, especialmente à noite, descobrimos um bar chamado Le Pub, aberto havia pouco tempo, onde se reuniam os filhos dos vietnamitas que haviam fugido após a guerra e que retornaram a Saigon para retomarem suas fortunas. Bebida e comida da melhor qualidade, além de mulheres bonitas, atraíam também os estrangeiros em passagem pela cidade, a maioria executivos das multinacionais instaladas no Vietnã, atraídas pela licenciosidade da legislação ambiental.

Um rapaz, contratado pela gerência, procurava divertir os presentes. Entre as diversas atividades de lazer, como sinal dos novos tempos, havia um jogo de perguntas e respostas que valia, entre diversos prêmios, garrafas de cerveja, uísque e champanhe.

— Não entendi bem — comentei com Ferreira, enquanto tomávamos uma 333 —, mas parece que o cliente que acertar a próxima pergunta vai ganhar uma mulher.

— Uma mulher?

— Acho que é no sentido figurado, claro.

O rapaz fez a pergunta em inglês, assim todos podiam participar, vietnamitas e estrangeiros:

— *In March 1964 the US government helped the military of which latin-american country overthrow the democratically elected government and introduce a military dictatorship which lasted until 1985 and was notorious for its use of torture and extra-judicial killing?*

— Eu sei — falei de imediato.

— Eu também!

Todos nos olharam, os homens com um certo ciúme; éramos os únicos que sabiam. Nunca foi tão fácil ganhar um prêmio.

Sempre que voltávamos para o hotel tarde da noite éramos abordados por motoqueiros. Com belas mulheres na garupa, paravam ao nosso lado e ofereciam o produto mais popular da República Socialista do Vietnã:

— *Lady, sir?*

Tiramos um dia para visitar Chinatown. Pegamos dois *cyclos* e saímos por entre as motos, um zunido de abelha infernal; cada motoqueiro se esforçava para buzinar mais alto, e mais vezes. Um dos ciclistas era veterano do exército do Vietnã do Sul, havia servido com os americanos, como muitos outros que encontramos em Saigon. Falava inglês, o que nos possibilitou uma longa barganha e um belo bate-papo enquanto andávamos em meio ao trânsito.

— O governo quer acabar com os cyclos — contou, enquanto pedalava.

— Por quê?

— Dizem que é um trabalho subserviente demais.

— E o que vocês vão fazer?

— Morrer de fome.

Antes de eles morrerem de fome talvez os passageiros, pelo menos os estrangeiros, morram do coração. Para mim, foi uma experiência arrepiante. Para dizer o mínimo. Dei graças a Deus quando fui deixado no bairro.

— Quase fiquei surdo com as buzinas — comentou Ferreira.

— Imaginei que seria atropelado a qualquer momento.

Pagamos os ciclistas e iniciamos o passeio a pé pelas ruas do intenso comércio. Trocamos dinheiro numa casa de câmbio chinesa, visitamos seis pagodes, cada qual mais impressionante, uma mesquita e, por fim, chegamos à igreja Cha Tam.

O objetivo não era rezar, mas ela tinha uma história interessante: fora onde o presidente Ngo Dình Diem e seu irmão Ngo Dình Nhu (aquele casado com Trân Lê Xuan, que classificou a autoimolação do monge Ter Quang Duc como o "churrasco da festa") se esconderam em 1963, após o golpe militar que os tirou do poder.

Ao entenderem que não conseguiriam organizar uma resistência, eles concordaram em revelar o local onde estavam desde que suas vidas fossem poupadas. Os líderes golpistas mandaram um M-113 à igreja e os dois se entregaram, ficando sob custódia dos oficiais que os prenderam. No entanto, antes de o tanque chegar ao centro da cidade, os soldados assassinaram os irmãos a tiros e retalharam os corpos com baionetas.

Quando a notícia foi divulgada, Saigon explodiu em festa. Os retratos deles foram destruídos, prisioneiros políticos foram soltos e as boates, fechadas pelo conservadorismo católico do presidente, reabertas.

Três semanas depois o presidente John Kennedy foi assassinado. O governo americano havia apoiado o golpe contra Ngo Dình Diem, e teorias conspiratórias ao redor do mundo especularam que a família do presidente vietnamita estaria por trás do crime em Dallas. As histórias dos Estados Unidos e do Vietnã estiveram interligadas na última metade do século XX, mas não a tal ponto. O assassinato do presidente John Kennedy foi um fiasco doméstico americano.

República Socialista do Vietnã

Tão logo o general Duong Van Minh se rendeu, um Governo Revolucionário Provisório foi estabelecido no Vietnã do Sul, e seu primeiro ato foi mudar o nome da cidade. Formado por burocratas de Hanói, uma vez que o Partido Comunista não confiava nos compatriotas do sul, além de provocar ressentimentos na população o novo governo imediatamente deu início à caça às bruxas: milhares de funcionários do antigo governo, em Saigon e no interior, bem como intelectuais, religiosos, empresários, pequenos proprietários, líderes sindicais, artistas, jornalistas e escritores, muitos dos quais apoiaram os vietcongues, foram aprisionados.

Apesar das promessas em contrário durante a guerra, eles foram levados para campos de concentração, eufemisticamente chamados de "campos de reeducação", e dezenas de milhares morreram e outros tantos fugiram do país após serem libertados.

Em 2 de julho de 1976, foi declarada a República Socialista do Vietnã, com capital em Hanói. Com a Reunificação, nome dado à anexação do Vietnã do Sul ao Vietnã do Norte, mais uma vez em sua milenar história o território vietnamita estava sob um mesmo governo. Mas a herança da guerra foi trágica; Hanói não estava preparada política e economicamente para assumir as responsabilidades da futura nação.

O governo optou pelo modelo soviético, sem levar em conta as peculiaridades nacionais. Uma campanha anticapitalista foi lançada e as propriedades privadas confiscadas. O sul, tradicionalmente capitalista, viu-se, de uma hora para outra, num regime econômico comunista. Mais de dois milhões de civis deixaram o Vietnã em barcos e muitos deles morreram tentando escapar pelo mar, especialmente pequenos comerciantes chineses. O país entrou numa crise econômica que agravou ainda mais a situação social.

O Vietnã enfrentava uma inflação de quase 700% ao ano e uma grande carência no abastecimento de mercadorias e artigos de primeira necessidade. O arroz estava sendo importado. A pequena produção no delta do Mekong era confiscada pelo governo. Pessoas se especializaram em contrabandear sacos de arroz e vender a preços absurdos em Saigon, crime punido com fuzilamento.

Hanói mantinha relações comerciais e diplomáticas apenas com países socialistas, por conta do embargo dos países capitalistas, sob imposição americana. As relações com o Camboja, governado pelo Khmer Vermelho, aliado da China, se deterioraram. Após algumas invasões do seu território, o exército do Vietnã invadiu o país, derrubou o governo cambojano e colocou em seu lugar governantes pró-Vietnã, algo semelhante ao que os Estados Unidos haviam feito no Camboja no auge da guerra.

O envolvimento chinês no Vietnã começou em 1949, quando os comunistas de Mao Tsé Tung tomaram o poder na China. Em 1962, Mao doou ao amigo Hô Chí Minh 90 mil rifles e armas menores. Com os bombardeios aéreos no norte do Vietnã, a China enviou unidades antiaéreas para ajudar a combater os aviões americanos, e batalhões de engenheiros militares para reparar estradas, pontes e ferrovias, liberando os soldados para o combate no sul.

Apesar da assistência chinesa, os vietnamitas sempre mantiveram com eles uma atitude de desconfiança. Com a China se tornando após a guerra a principal força de apoio ao Khmer Vermelho, a relação entre os dois países se deteriorou com a invasão vietnamita no Camboja, a ponto de os chineses atacarem o Vietnã no ano seguinte, abrindo nova guerra na fronteira norte do país. As duas nações continuaram com escaramuças militares durante os anos 1980, com a China capturando algumas ilhas vietnamitas na zona de fronteira.

Doi Moi

Em 1986, reformas econômicas (Doi Moi) foram introduzidas no Vietnã, a exemplo da China, única maneira de o Partido Comunista sobreviver. O governo continuava comunista, isto é, uma ditadura comandada por uma pequena elite burocrática, e a economia adotava as regras do capitalismo, algo que deve ter mexido com a múmia de Hô Chí Minh no mausoléu em Hanói.

O Vietnã se retirou espontaneamente do Camboja. Com isso, pela primeira vez em décadas e mais décadas, a nação estava em paz. As relações com a China se normalizaram, especialmente devido ao comércio entre os dois países. Os Estados Unidos suspenderam o embargo econômico, o Vietnã entrou para a Organização Mundial do Comércio e se tornou um ativo membro da Asean, organização asiática criada para combater o comunismo.

Os vietnamitas que haviam fugido após a guerra regressaram a Saigon, trazendo capital e novas tecnologias. Tradicionalmente empreendedores, lançaram-se a novos negócios, levando junto a frágil economia da parte norte do país. Tudo estava por ser feito, e eles não perderam tempo.

Resultado: uma sequência de crescimento econômico de 8 por cento ao ano. A média de vida dos homens chegou a 68 anos, e a das mulheres a 73. A taxa de mortalidade infantil caiu para 30 por cada mil nascimentos, e 94 por cento dos adultos são alfabetizados. De importador de arroz após o final da guerra, o país passou a produzir 32,3 milhões de toneladas por ano, tornando-se o maior exportador mundial do produto.

Chinatown é uma festa. Dava gosto ver a alegria nos rostos dos comerciantes, cada qual mais ávido por acumular riquezas; capazes de dar inveja aos adeptos do neoliberalismo. Almoçamos no Mercado Bình Tay, um frenético centro comercial, onde jovens andavam para lá e para cá com enormes caixas nas costas e grossos maços de dinheiro nos bolsos.

As velhas gerações ainda se ressentem, últimos resquícios do conflito. Os do sul acusam seus compatriotas nortistas de terem arrasado seus cemitérios, crime grave numa nação baseada no culto aos ancestrais; os do norte acusam os sulistas de terem se aliado aos americanos para lutar contra os próprios irmãos. As gerações mais jovens, no entanto, não estão interessadas na história recente do país. Para eles, existe apenas um Vietnã e, como gostam de dizer, "a política agora é ganhar dinheiro".

— Quando ficarem ricos — comentei com Ferreira — a primeira coisa que farão será conhecer a América.

— Voltarão de lá com roupas e calçados de grife.

— As verdadeiras, e não estas pirateadas que eles fabricam aqui

Embora estivéssemos em frente à estação rodoviária distrital de Cholon, de onde saíam os ônibus para Sài Gòn, resolvemos pegar duas *xe om* e experimentar um pouco de adrenalina percorrendo a cidade no melhor estilo local. O país tem 10 milhões de motos andando por suas ruas, 3,5 milhões delas em Saigon; e todas buzinam ao mesmo tempo.

— Nos despedimos como manda o figurino — falei ao Ferreira, quando descemos das motos, em frente ao hotel.

— Cheguei a pensar que não sobreviveria para contar a história.

Can Tho

Altitude: nível do mar
Latitude: 10º 01' 57.63"
Longitude: 105º 47' 08.98"
Distância de Porto Alegre: 16.758km

A partir de Saigon pretendíamos percorrer alguns lugares interessantes no delta do Mekong, subir o rio até o Camboja, atravessar o país, entrar na Tailândia e chegar a Bangcoc, onde pegaríamos o avião para o Brasil, fechando o círculo da expedição. Não tínhamos certeza se poderíamos cruzar essas fronteiras, mas, como não gosto de retroceder, a primeira opção era seguir adiante. Minha regra sempre foi simples: vou em frente até que alguém mande parar. Alguém que tenha poder para isso, claro.

— Está havendo distúrbios em Bangcoc — lembrou Ferreira. — Acabei de ver na televisão. Os manifestantes querem a renúncia do governo, acusado de corrupção.

— Não chega a ser uma novidade por aqui — tentei tranquilizá-lo.

— O problema é que há barricadas nas ruas e o aeroporto internacional está fechado.

— Infelizmente, meu amigo, o governo vai dar um pau na oposição e logo, logo o aeroporto estará aberto.

Saímos cedinho em direção sudoeste, rumo ao delta do Mekong, um dos momentos mais esperados da viagem. O ônibus seguiu por uma grande rodovia repleta de enormes pontes.

— O governo deve ter dinheiro de sobra para investir nestas obras faraônicas — comentei.

Há semanas vínhamos estranhando toda essa infraestrutura rodoviária num país onde as pessoas não tinham casas decentes para morar, o saneamento básico era reduzido e a pobreza estava em todo canto. A população, por certo, devia se orgulhar das pontes, viadutos, túneis e estradas com faixa dupla, embora viajasse em velhos ônibus, tuc-tucs, motos e bicicletas. Quando não a pé.

— Este tipo de obra dá votos — comentou Ferreira.

— Mas nem é preciso, não existem eleições.

Por isso o nosso espanto. Os burocratas do Partido Comunista tomavam as decisões reunidos em comitês, os demagogicamente chamados Comitês do Povo, onde as pessoas eram escolhidas pelo apadrinhamento, baseado em favores pessoais e nunca pelo voto daqueles que deveriam representar. Assim, não precisavam consultar ninguém.

Não havia partido adversário, não havia oposição sindical, não havia parlamento, não havia rotatividade no poder e muito menos liberdade de imprensa. Caso alguém desejasse abrir um jornal ou uma revista, podia, mas desde que fosse filiado ao Partido Comunista e obedecesse às normas das suas convenções, tais como nunca criticar o governo. Se o fizesse, seria classificado como lacaio do imperialismo internacional, inimigo do povo do Vietnã.

Outro problema era a Internet, controlada pelo governo. Enquanto estivemos no país não conseguimos enviar nem receber e-mails com anexos, e quando digitávamos certas palavras, que nunca conseguimos entender a lógica, a conexão caía. O blog do Ferreira, acessado normalmente enquanto estivemos na Tailândia e no Laos, parou de abrir tão logo entramos no Vietnã. Não percebíamos uma presença ostensiva da polícia nas ruas, mas sempre desconfiei que nossos passos eram controlados pelas autoridades.

— Esta ditadura não vai longe — comentei. — Com 84 milhões de habitantes, o Partido Comunista tem apenas dois milhões de filiados.

— Estes carinhas que estão ficando ricos logo vão querer mais liberdade.

Delta do Mekong

Chegamos a My Tho perto do meio-dia. A pequena cidade era nossa porta de entrada para o grande delta, um dos maiores do mundo. A população vive do cultivo de arroz, banana, coco, manga, frutos cítricos e pesca. Pretendíamos visitar algumas ilhas no delta, por isso desembarcamos diretamente no porto. Seria um passeio de poucas horas; seguiríamos em frente no mesmo dia.

No Camboja, o Mekong se divide em dois braços. O Hau Giang (baixo rio) entra no Vietnã via Châu Doc, Long Xuyen e Can Tho, desaguando no Mar do Sul da China; o Tiên Giang (alto rio) se divide em diversos galhos em Vinh Long, no Vietnã, desaguando no mar em cinco pontos diferentes. Por isso, o nome vietnamita do rio é Song Cuu Long (rio dos nove dragões). O delta se formou ao longo dos milênios pelos sedimentos trazidos pelo rio. O processo continua e a cada ano a terra avança alguns metros oceano adentro.

Na época das chuvas, ele flui para o lago Tonlé Sap, perto de Pnong Penh; na época seca o lago devolve a água para o Mekong, mantendo estável seu nível e impedindo tanto secas como inundações no delta.

Infelizmente, o desmatamento no Camboja está prejudicando esse delicado sistema, e as consequências desastrosas estão aparecendo no Vietnã.

Em anos recentes, estradas e pequenos povoados têm sido varridos do mapa pelas enchentes. Lavouras de arroz e café são destruídas e em muitos lugares a população só pode voltar às aldeias após longos meses de espera. Os canais, que seriam as melhores alternativas às rodovias, acabam entupidos pelo lixo produzido pelas cidades e vilas às suas margens. O governo pouco tem feito para solucionar o problema, apesar de o delta produzir três safras de arroz por ano.

Deixamos My Tho de lado, a cidade não era o que estava em nosso interesse no momento. Pegamos um barco em direção ao outro lado do rio, éramos umas dez pessoas, todas estrangeiras. A travessia foi rápida, logo estávamos na margem oposta. Havia duas lanchas, movidas com pequenos motores de popa, e nos transferimos para elas, pois o barco não conseguiria navegar em águas tão rasas. Entramos por um dos milhares de canais do Mekong e poucos minutos depois chegamos a uma pequena aldeia, com meia dúzia de casas, onde visitamos uma fabriqueta de balas de coco e outra de aguardente de banana.

— As balas de coco estavam ótimas, mas o produto desta fábrica é melhor.

Mais adiante, conhecemos outra aldeia, onde a maioria dos moradores industrializava mel. As caixas, repletas de abelhas, estavam espalhadas pela floresta, de onde recolhiam o néctar utilizado na fabricação do mel. Caminhamos por entre elas, um pouco cautelosos, mas ninguém foi atacado. Estavam trabalhando, tinham coisas mais sérias com que se envolverem. Curiosos não as atraíam mais que o perfume das flores.

Em outra ilha, almoçamos num pequeno restaurante: peixe frito, obviamente, e, de sobremesa, frutas tropicais, especialmente abacaxi e manga. As pessoas eram muito simpáticas, a presença dos estranhos não incomodava. Pelo contrário, os dôngs eram bem-vindos. Para quem passou a vida em luta contra os estrangeiros tê-los agora, e com os bolsos cheios — com exceção dos gaúchos —, era bom demais.

Queríamos ir além, entrar nos canais menores. Precisamos nos transferir para uma canoa movida a remo. Continuamos através de pequenos braços d'água, tão estreitos que mal davam para o barquinho passar, em meio às árvores que se dobravam sobre nossas cabeças e formavam pequenos túneis. Visitamos algumas casas de moradores, conhecemos pescadores e suas famílias, nos divertimos em meio a um viveiro de cobras e voltamos para My Tho pelo meio da tarde.

Pegamos outro ônibus e seguimos em frente, cruzando o delta no sentido oeste-leste. Atravessamos o Tiên Giang, o braço oriental do Mekong, numa enorme ponte em Vinh Long, sempre pela Rodovia 1, agora uma estradinha cada vez mais simples, contrastando com a paisagem, sempre mais bonita. O Mekong se esparramava, andávamos entre a água e as lavouras de arroz. Vez que outra passávamos em meio a pequenos vilarejos, o ônibus buzinava e as crianças vinham para a rua nos abanar.

Cruzamos o Hau Giang, o braço ocidental do Mekong, numa grande balsa. O motorista estava aflito, não sabia se nos deixariam passar. Pelo que pude entender, estrangeiros não eram bem-vindos. Ele pediu para nos portarmos de forma discreta, e tudo correu bem. Chegamos a Can Tho — extremo sul de nossa grande volta pelo Sudeste Asiático — tarde da noite. Instalados no mini-hotel Huy Hoàng, saímos em busca de algo para comer. As pessoas caminhavam num calçadão à beira do rio Can Tho, um dos afluentes do Mekong; a noite estava quente, o clima era agradável.

A pequena cidade, famosa pelo mercado flutuante, o maior de todo o delta e motivo de nossa presença ali, parecia tranquila, longe da agitação de Saigon. Havia uma praça central, em torno dela alguns restaurantes. Escolhemos o que nos pareceu mais asseado, entramos e pedimos o cardápio.

— O que tem de especial? — perguntou Ferreira.

— Filé de cobra acompanhado com cebola, cenoura e arroz.

— Vais encarar?

— Olha, já que estamos no inferno, não custa dar um tapa no diabo.

Ele escolheu um peixe, eu me preparei para o melhor: degustar o prato mais típico do delta do Mekong merecia uma cerimônia especial.

A carne de cobra veio cortada em tirinhas compridas. Em um dos lados se podiam ver as saliências deixadas pelas escamas do couro removido.

— Como se chama esta cobra? — perguntei ao garçom.

— Rán Hô.

— Qual é o tamanho dela?

— Mede cerca de meio metro e é da grossura dessa garrafa de cerveja.

— Como a pegam?

— Nos banhados, onde existem muitas, com uma rã ou um rato como isca. Tira-se o couro e o espinhaço e sobra um quilo de carne.

— Saborosa.

— Sabia que o senhor iria gostar.

— Pelo menos — comentei com Ferreira — é mais barato que um cachorro-quente em Amsterdã.

Na manhã seguinte nos dirigimos bem cedo para o novo píer. Pegamos um barco movido por um pequeno motor de popa, perto da enorme estátua de Hô Chí Minh, e visitamos demoradamente o mercado flutuante Cai Rang, 6 quilômetros rio acima, para sentir de perto a forma como os moradores do Mekong vivem há séculos.

Impressionavam tantas embarcações em meio ao rio. Vendiam os produtos colhidos na região, todo tipo de pescado, grãos, cana-de-açúcar, verduras e, em especial, frutas: pomelo, papaia, abacaxi, maçã, manga e *thanh long*, a popular fruta-dragão. Do tamanho de uma maçã, coberta por folhas vermelhas em camadas, tem uma semente apreciadíssima em todo o Vietnã.

Após a visita ao mercado nos embrenhamos por diversos canais e fomos conhecer algumas aldeias nas partes secas do delta. Visitamos uma fábrica de massa de arroz (aquela usada nos tradicionais *pho*, onde a sopa de espaguete pode vir com carne de boi, porco, galinha ou mesmo outros vegetais) e outra de papel de arroz (usado para enrolar os *nem*, aqueles enroladinhos recheados com carne de boi, porco, galinha ou caranguejo).

— Os pratos mais comuns em nosso cardápio nesta viagem estão aqui — comentei com Ferreira.

— Sem contar o próprio arroz.

— E as cobras e as rãs.

— Só não vi cachorros.

— Já devem ter comido todos.

Visitamos também um engenho de arroz onde os porcos eram alimentados com farelo de arroz.

Ah, a energia nas fábricas de massa e papel provinha da queima da casca do arroz.

Metade da população vietnamita trabalha na lavoura de arroz, plantado manualmente nas terras alagadas, especialmente pelas mulheres. Mas nem sempre foi preciso tanto esforço para retirar o sustento da terra. Houve uma época em que ele era chamado com preces e chegava à casa de cada morador caindo do céu em forma de grandes bolas.

Até o dia da grande tragédia.

Certa ocasião, um homem pediu à esposa que preparasse a casa para a chegada do arroz. Infelizmente, ela ainda trabalhava na limpeza do chão quando a bola caiu. Ela se estilhaçou, os pedaços provocaram um grande acidente. Desde então, as vietnamitas precisam plantá-lo e colhê-lo com as próprias mãos.

Châu Doc

Altitude: nível do mar
Latitude: 10º 42′ 32.28″
Longitude: 105º 07′ 18.75″
Distância de Porto Alegre: 16.875km

A Rodovia 1, por onde andáramos desde que saíramos de Hanói, semanas atrás, continuava para o extremo sul do país. Mas havia chegado a hora de viajarmos para o norte, rumo ao Camboja.

— Vou sentir saudades do Vietnã — falei ao Ferreira. — Talvez eu volte, como todos aqueles veteranos de guerra.

— Ainda temos alguns dias, vamos curtir.

O pequeno e velho ônibus entrou na Rodovia 91, paralela ao Hau Giang, cruzou por diversas vilas, pela cidade de Long Xuyen, e no final do dia chegamos a Châu Doc, a cidadezinha na fronteira com o Camboja. Aproveitamos para subir ao cume do monte Sam, onde havia o templo Châu Phú, construído em 1926 para homenagear os mortos da dinastia Nguyên. Decorado com motivos vietnamitas e chineses, o prédio era muito bonito.

Nosso maior interesse, no entanto, e que nos fez subir uma escadaria sem-fim montanha acima, era apreciar o pôr do sol e avistar ao longe, além das imensas lavouras de arroz, a cordilheira que separa o Vietnã do Camboja. Algumas pessoas que nos acompanhavam voltariam para Saigon, queriam pelo menos dizer que haviam "visto" o país dos Khmer. Mal sabiam que há um bom tempo percorriam o Kampuchea Krom (baixo Camboja), o nome khmer krom para o delta do Mekong.

Existem registros arqueológicos de que o povo khmer krom, um grupo da etnia khmer, vive na região há 2 mil anos. Eles negociavam com os funan, avançado império marítimo que se estendia da península da Malásia até o Mekong, desde o século I da nossa era. Depois vieram outros povos, todos suplantados pelos khmer e seu grande império, cujo auge se deu na época da construção de Angkor e que se estendia do delta até a fronteira com Mianmar, ocupando grande parte do Sudeste Asiático.

No século XVII, chegaram os vietnamitas. Em expansão para o sul após derrotar o império Champa, atacaram os khmer no delta, anexando a região. Na época viviam 40 mil famílias khmer em Prei Nokor, um movimentado porto, então rebatizado com o nome de Sài Gòn. A guerra durou um século. Mais de 700 templos khmer se espalhavam pelo delta, a maioria destruída pelos colonos que migraram para o sul, expandindo as novas fronteiras do reino.

Quando os franceses subjugaram a Indochina, a esperança dos khmer krom em voltar a ser independentes acabou. Embora fossem majoritários no delta, a França não os incorporou ao Camboja, mas criou uma nova colônia, chamada Cochinchina. Em 1954, com a derrota francesa na Guerra da Indochina, a região foi anexada ao Vietnã do Sul.

Os khmer formam a maior minoria étnica do país. Segundo o governo, são um milhão de habitantes; segundo eles, passam de 7 milhões. Acabaram obrigados a falar vietnamita, embora sua língua persista nas regiões mais isoladas, e a adotar costumes e hábitos dos colonizadores.

Segundo a Federação Khmer Kampuchea-Krom, as atrocidades contra a minoria se intensificaram nas últimas quatro décadas, quando foram incorporados à República Socialista do Vietnã. Reclamam especialmente das dificuldades em acessar os serviços públicos, como saúde e educação. A discriminação racial e religiosa se intensificou, piorando a vida de quem já era o segmento mais pobre da população. O governo comunista os classificava como Nguoi Viet Goc Mien (vietnamitas de origem khmer), uma forma de acabar com a etnia.

Instalados no hotel, saímos à procura de um lugar para jantar. Encontramos um pequeno restaurante, onde um casal holandês com dois filhos estava comendo. Sentamos à mesa ao lado deles, conversamos e tiramos fotos uns dos outros. Eram viajados, mas estavam descontentes com a miséria e a sujeira do Vietnã.

— Vocês conhecem o Brasil? — perguntei.
— Não.
— Precisam conhecer — convidou Ferreira.
— O Brasil é mais limpo que o Vietnã? — quis saber a senhora.
— Sim — falou Ferreira.
E demos a conversa por encerrada.

Camboja

Na manhã seguinte, enquanto o casal holandês e outros estrangeiros que haviam chegado a Châu Doc conosco se organizavam para a viagem de volta a Saigon, arrumamos as mochilas e seguimos em frente. Às 7 da manhã estávamos num pequeno barco, juntamente com Wangy Chuan, um jovem chinês, e uma moça espanhola, em direção à fronteira com o Camboja.

A pequena lancha, pouco mais que uma canoa com motor, deixou o píer em Châu Doc e se dirigiu para a fronteira. Nos arredores da cidade ainda visitamos uma casa construída sobre palafitas, onde viviam quarenta pessoas de uma grande família ribeirinha, remanescente da etnia champa. Os homens estavam pescando, as mulheres teciam roupas típicas em velhas rocas manuais.

— Última chance de ir ao banheiro — avisou o dono do barco.

Seguimos em frente em meio a diversas casas flutuantes com seus viveiros de peixe embaixo do assoalho. Paramos numa delas, para ver como eram alimentados, e seguimos para o norte. Além do piloto, viajavam conosco sua esposa, um filho pequeno e a funcionária vietnamita que deveria providenciar nossa saída do país e os vistos que nos permitiriam entrar no Camboja.

Tudo muito bem controlado.

Nosso barquinho, cuja velocidade máxima atingia 8 quilômetros por hora, mergulhou no delta do Mekong e perdemos todas as perspectivas. Vez por outra cruzávamos por alguma casa ilhada, onde até o galinheiro era construído sobre palafitas. No mais, um aguaceiro só. A paisagem se repetiu durante longas cinco horas. Ferreira volta e meia consultava o GPS e dava as referências.

— Acho que a velocidade do barco se iguala à correnteza, pois quase não saímos do lugar.

Olhando para o barranco víamos que avançávamos. Lentamente, mas avançávamos. O problema era que muitas vezes o rio se alargava tanto que sequer avistávamos a terra. Nesses momentos, desviávamos o olhar para nossas memórias e nos lançávamos a outras viagens, repassando as lembranças das últimas semanas.

Ao meio-dia chegamos a Vinh Xuong, o posto de fronteira no lado vietnamita. Comemos nosso último *pho bò* numa casa rústica, de chão batido e sem paredes, em meio à selva. Pegamos as mochilas e fomos para a aduana, carimbar documentos e mostrar bagagens. Por todos os lados placas de proibido fotografar.

Liberados, caminhamos cerca de um quilômetro pelo barranco do Mekong até Kaam Samnor, o posto de fronteira cambojano.

Os guardas nos olharam como se nunca tivessem visto pessoas tão estranhas.

— Acho que estão impressionados com a tua altura — falei ao Ferreira.

— Acho que é com o teu cavanhaque grisalho.

Repetimos o ritual e entramos num barco ainda menor, e bem mais velho. O delta se estreitava, o Mekong não tinha mais tantos braços. Não falávamos khmer nem o dono da "canoa motorizada" falava as nossas línguas. Sabíamos todos apenas que estávamos indo para Pnong Pen. Os assuntos com Wangy Chua se esgotaram, o inglês do nosso amigo era meio enrolado. A bateria da minha câmera fotográfica terminou; mergulhamos na monotonia.

No final da tarde o barco atracou no barranco e o cambojano mandou, com um sinal de cabeça, que descêssemos com as mochilas. Estranhamos, mas o seguimos.

— Se ele quiser nos assaltar, é agora — comentei com Wangy. — Depois, é só dizer que os estrangeiros caíram no rio. Você viu como ele olhava para a sua filmadora durante a viagem? Deve valer mais do que ele ganha a vida toda trabalhando com esse barquinho pelo Mekong.

Wangy Chua tinha 25 anos e trabalhava num banco em Xangai como analista de investimentos. Ficaria seis meses viajando pela Ásia, queria mais experiência. Por isso, o ajudei a sentir emoções mais fortes, faria bem para a carreira dele.

Saímos nos fundos de algumas casas, num vilarejo meio abandonado. Em frente havia uma estrada, onde embarcamos num velho bus. Éramos os únicos passageiros. Rodamos, rodamos e duas horas depois, noite alta, chegamos a Pnong Pen, capital do Camboja, onde ficamos alguns dias, especialmente visitando os locais onde se deram os grandes massacres praticados pelo Khmer Vermelho contra o povo cambojano.

Em 1975, efeito colateral à invasão militar dos Estados Unidos no Sudeste Asiático, os guerrilheiros do Khmer Vermelho assumiram o poder no Camboja, dando fim à guerra civil contra o governo de Lon Nol, apoiado pelos americanos.

O líder do grupo, Pol Pot, tentou concretizar sua proposta de um mundo feito com um homem novo, para o que instalou um regime de terror: as cidades foram evacuadas e os cambojanos levados para o trabalho forçado no cultivo do arroz. O Partido promoveu grande massacre de opositores, intelectuais e pessoas que pudessem se relacionarem com o governo anterior.

Entre os assassinatos cometidos pelo Khmer Vermelho, estima-se que entre 15 e 20 mil professores foram mortos, 90 por cento dos artistas e um em cada cinco médicos. Para o Partido, bastava saber ler para ser considerado intelectual, e portanto inimigo.

Até hoje o Camboja tenta contabilizar o número total de mortos no genocídio. As estimativas giram em torno de 1,7 milhão de assassinatos, isso num país de 7 milhões de habitantes. Em 1978, ainda que apoiado pelo governo comunista da China, Pol Pot foi deposto pela intervenção de tropas vietnamitas, levando a um novo conflito que perduraria até a intervenção da ONU no país.

Em Pnong Pen embarcamos para o norte num velho ônibus, e seguimos até Siem Reap, a pequena cidade utilizada como sede para nossa demorada visita às ruínas de Angkor. Em Siem Reap alugamos um carro que nos levou à fronteira com a Tailândia e de lá um ônibus até Bangcoc, onde descansamos uma semana antes de voltar ao Brasil.

Referências Bibliográficas

DAKS, Nongkran and Alexandra Greeley. *Homestyle vietnamise cooking*. Cingapura. Periplus Editions, 2002.

MUNDY, Keith. *Thailand and Laos*. Cingapura, Sun Tree Publishing Ltda, 1992.

ORTIZ, Airton. *Pelos caminhos do Tibete*. Rio de Janeiro, Editora Record, 2ª ed, 2007.

RAY, Nick e outros. *Vietnam, Cambodia, Laos & the Greater Mekong*. Londres, Lonely Planet, 2007.

RAY, Nick e outros. Vietnam. Londres, Lonely Planet, 2007.

www.kmerkrom.org

www.travelmedia.com/mekong

www.wikipedia.com

Este livro foi composto na tipologia
GoudyOlSt BT, em corpo 11,5/16, e impresso
em papel off-set 90g/m² no Sistema Cameron da
Divisão Gráfica da Distribuidora Record.

Seja um Leitor Preferencial Record
e receba informações sobre nossos lançamentos.
Escreva para
RP Record
Caixa Postal 23.052
Rio de Janeiro, RJ – CEP 20922-970
dando seu nome e endereço
e tenha acesso a nossas ofertas especiais.

Válido somente no Brasil.

Ou visite a nossa home page:
http://www.record.com.br